Brunner | Abschlussverfügung der Staatsanwaltschaft

Eine Anleitung für Klausur und Praxis

Abschlussverfügung der Staatsanwaltschaft

Eine Anleitung für Klausur und Praxis

von

Dr. Raimund Brunner

Vizepräsident des Landgerichts Aschaffenburg a. D.
Prüfer im Ersten und Zweiten Juristischen Staatsexamen

15. Auflage 2021

Verlag Franz Vahlen

Zitiervorschlag: *Brunner* Abschlussverfügung StA Rn.

www.vahlen.de

ISBN Print 978 3 8006 6638 6
ISBN E-Book 978 3 8006 6639 3

© 2021 Verlag Franz Vahlen GmbH
Wilhelmstraße 9, 80801 München

Druck: Himmer GmbH Druckerei & Verlag
Steinerne Furt 95, 86167 Augsburg

Satz: Druckerei C. H. Beck, Nördlingen
Umschlaggestaltung: Martina Busch, Grafikdesign, Homburg Saar

chbeck.de/nachhaltig

Gedruckt auf säurefreiem, alterungsbeständigem Papier
(hergestellt aus chlorfrei gebleichtem Zellstoff)

Vorwort

Die staatsanwaltliche Abschlussverfügung steht häufig zu Beginn der Referendarausbildung im Strafrecht. Der Einstieg in die praktisch ausgerichtete »staatsanwaltliche Abschlussverfügungsklausur« fällt vielen Referendaren zumal dann schwer, wenn die Stationsausbildung nicht parallel verläuft. Dieser Klausurtyp ist aber fester Examensbestandteil. Dem Referendar, aber auch dem »jungen« Staatsanwalt die erforderliche Hilfestellung zu geben, ist Ziel dieser Darstellung.

Neben der Frage, wie eine Einstellung oder Anklageschrift bzw. Strafbefehlsantrag formal abzufassen sind, geht es in der Abschlussverfügung vor allem um die richtigen Konsequenzen, die aus dem prozessualen Tatbegriff zu ziehen sind. Dem Leser will ich das hierfür erforderliche Rüstzeug vermitteln.

Der Verfasser ist sich bewusst, dass Form und Inhalt der Abschlussverfügung in den verschiedenen Bundesländern und auch teilweise bei einzelnen Staatsanwaltschaften innerhalb eines Bundeslandes unterschiedlich sind. Gleichwohl hoffe und wünsche ich, dass dieses Skript alle Referendare Gewinn bringend einsetzen können.

Der Verfasser war viele Jahre als hauptamtlicher Arbeitsgemeinschaftsleiter für Rechtsreferendare tätig. Seit 1995 ist er Prüfer im Ersten und Zweiten Juristischen Staatsexamen. Seine umfangreichen Erfahrungen als Ausbilder und Prüfer sind in diese Arbeit eingeflossen.

Besonderen Dank schulde ich meinem Kollegen und Freund Prof. Dr. Bernd von Heintschel-Heinegg, der mir wertvolle Ratschläge gegeben, bei Zweifelsfragen bereitwillig mit mir diskutiert und den Abdruck seiner Übersichten erlaubt hat. Allen, die mich bei der Abfassung dieses Skripts mit wertvollen Ratschlägen unterstützten, danke ich.

Aschaffenburg, Juni 2021   *Raimund Brunner*

Inhaltsverzeichnis

Abkürzungsverzeichnis

aA	anderer Ansicht
AG	Amtsgericht
Alt.	Alternative
Art.	Artikel
Aufl.	Auflage
BAK	Blutalkoholkonzentration
BayObLG	Bayerisches Oberstes Landesgericht
BGB	Bürgerliches Gesetzbuch
BGH	Bundesgerichtshof
BGHSt	Bundesgerichtshof in Strafsachen; Entscheidungen des Bundesgerichtshofes in Strafsachen, herausgegeben von den Mitgliedern des Bundesgerichtshofs und der Bundesanwaltschaft
BVerfG	Bundesverfassungsgericht
BVerfGE	Bundesverfassungsgericht; Entscheidungen des Bundesverfassungsgerichts, herausgegeben von den Mitgliedern des Bundesverfassungsgerichts
BZRG	Gesetz über das Zentralregister und das Erziehungsregister (Bundeszentralregistergesetz)
bzw.	beziehungsweise
DAR	Deutsches Autorecht (Zeitschrift)
dh	das heißt
EUR	Euro
EGGVG	Einführungsgesetz zum Gerichtsverfassungsgesetz
EGMR	Europäischer Gerichtshof für Menschenrechte
Einl.	Einleitung
f., ff.	folgende
Fn.	Fußnote
gem.	gemäß
GG	Grundgesetz
ggf.	gegebenenfalls
GVG	Gerichtsverfassungsgesetz
hM	herrschende Meinung
idR	in der Regel
iSd	im Sinne (der/des)
iSv	im Sinne von
iVm	in Verbindung mit
JA	Juristische Arbeitsblätter
JAR	Juristische Arbeitsblätter – Rechtsprechung
JARefÜ	Juristische Arbeitsblätter – Übungsblätter Referendare
JGG	Jugendgerichtsgesetz
JuS	Juristische Schulung
KK-StPO	Karlsruher Kommentar zur Strafprozessordnung

LG .... Landgericht
LKA .... Landeskriminalamt

MDR .... Monatsschrift für Deutsches Recht
MRK .... Konvention zum Schutze der Menschenrechte und Grundfreiheiten
mwN .... mit weiteren Nachweisen

NJW .... Neue Juristische Wochenschrift
Nr. .... Nummer
NStZ .... Neue Zeitschrift für Strafrecht

OLG .... Oberlandesgericht

RiStBV .... Richtlinien für das Strafverfahren und das Bußgeldverfahren
Rn. .... Randnummer

S. .... Satz, Seite
s. .... siehe
sog. .... sogenannte(r)
StGB .... Strafgesetzbuch
StPO .... Strafprozessordnung
StrEG .... Strafverfolgungsentschädigungsgesetz
StV .... Strafverteidiger (Zeitschrift)
StVG .... Straßenverkehrsgesetz

usw .... und so weiter
uU .... unter Umständen

vgl. .... vergleiche

zB .... zum Beispiel

Verzeichnis der abgekürzt zitierten Literatur

Fischer, T., Strafgesetzbuch mit Nebengesetzen (Kommentar), 68. Aufl. 2021 (zit.: *Fischer*)

Hannich, R., Karlsruher Kommentar zur Strafprozessordnung, 8. Aufl. 2019 (zit.: KK-StPO/*Bearbeiter*)

v. Heintschel-Heinegg, B., Prüfungstraining Strafrecht, Band 1: Methodik der Fallbearbeitung, 1992 (zit.: *v. Heintschel-Heinegg* Prüfungstraining StrafR I)

Joachimski, J./Haumer, Ch., Strafverfahrensrecht, 7. Aufl. 2015 (zit.: *Joachimski/Haumer* StrafverfahrensR)

Kroiß, L./Neurauter, J., Formularsammlung für Rechtspflege und Verwaltung, 27. Aufl. 2019 (zit.: *Kroiß/Neurauter* FormB Rechtspflege)

Meyer-Goßner, L./Schmitt, B., Strafprozessordnung, 64. Aufl. 2021 (zit.: Meyer-Goßner/Schmitt/*Bearbeiter*)

Vollmer, W./Heidrich, A., Die Assessorklausur im Strafprozess, 11. Aufl. 2015 (zit.: *Vollmer/Heidrich* Assessorklausur StrafR)

Westphal, K./Tetenberg, S., Strafrechtliche Musterklausuren für die Assessorprüfung, 8. Aufl. 2020 (zit.: *Westphal/Tetenberg* Assessorklausur StrafR)

Wolters, G./Gubitz, M., Strafrecht im Assessorexamen, 9. Aufl. 2021 (zit.: *Wolters/Gubitz* StrafR)

Ziegler, T., Das Strafurteil, 9. Aufl. 2021 (zit.: *Ziegler* Strafurteil)

1. Kapitel. Grundlagen für die Bearbeitung einer staatsanwaltlichen Abschlussverfügungsklausur

A. Der Bearbeitervermerk

Bei der staatsanwaltlichen Abschlussverfügungsklausur sieht sich der Referendar regelmäßig 1
mit zwei Arten von Aufgabenstellungen konfrontiert:

1. Alternative:

> »In einem Gutachten ist die Strafbarkeit der Beteiligten zu erörtern. Der Sachbericht ist 2
> erlassen.[1] Die abschließende Verfügung der Staatsanwaltschaft ist zu entwerfen.«

Die Klausurlösung besteht in diesem Fall aus zwei Teilen: 3

der Fertigung eines Gutachtens *und* dem Entwurf **einer** Abschlussverfügung. Bei der Abschlussverfügung geht es um die Umsetzung des im Gutachten gefundenen Ergebnisses. Dieses Gutachten zur Frage, inwieweit der/die Beschuldigte(n) sich in verfolgbarer Weise strafbar gemacht hat (haben), wird der Staatsanwalt in der Praxis je nach dem Umfang und/ oder der Schwierigkeit des Einzelfalles entweder schriftlich (zB für die Handakte) oder nur gedanklich erstellen; in der praktischen Arbeit befindet es sich jedenfalls nicht in den Akten. Der Referendar muss aber stets sämtliche rechtlichen Probleme der Arbeit in der Klausur behandeln. Soweit das in der Abschlussverfügung nicht möglich ist, muss dies entsprechend dem Bearbeitervermerk im Hilfsgutachten geschehen.

Der Vorteil eines solchen Bearbeitervermerks liegt für den Referendar darin, dass allein durch die Erstellung eines ordentlich ausgearbeiteten Gutachtens in aller Regel schon die Hälfte (wenn nicht mehr) der Klausur gelungen ist und schon damit ein zumindest befriedigendes Ergebnis erzielt werden kann.

2. Alternative:

> »Die abschließende(n) Verfügung(en) der Staatsanwaltschaft ist (sind) vollständig zu entwerfen. 4
> Soweit nach Auffassung der Bearbeiter in der (den) staatsanwaltlichen Verfügung(en) auf
> einzelne Rechtsfragen nicht einzugehen ist, sind diese in einem Hilfsgutachten zu erörtern.«

Ein derartiger Bearbeitervermerk deutet auf eine mehr praxisgerechte Aufgabenstellung hin. 5
Auch in diesem Fall muss gedanklich zuerst die Strafbarkeit der Beteiligten einschließlich der Prozessvoraussetzungen geprüft werden, weil eine Abschlussverfügung immer erst dann möglich ist, wenn zunächst der Fall materiell-rechtlich gelöst wurde. Um hier Missverständnisse zu vermeiden: Auch in diesem Fall müssen sich alle Überlegungen, die im Gutachten zur Vorbereitung der Abschlussverfügung gemacht wurden, in der vollständig abschließenden Verfügung der Staatsanwaltschaft finden, sei es in der Abschlussverfügung selbst oder (in der Klausur) in einem Hilfsgutachten.

Welchen Bearbeitervermerk die Klausur auch enthält, die Aufgabe ist stets eine doppelte: 6
- Erstellung eines Gutachtens und danach
- Fertigung der formellen Entscheidung.

Soweit sich in Klausuren abweichende Bearbeitervermerke finden, handelt es sich lediglich 7
um Variationen der beiden geschilderten Aufgabenstellungen.

---

1 **Hinweis:** Der Satz »Der Sachbericht ist erlassen« führt immer wieder zu Missverständnissen, wenn eine Anklage verlangt ist. Fehlerhaft wird bei der Anklage der dem Angeschuldigten zur Last gelegte Sachverhalt weggelassen, weil die Bearbeiter Sachbericht des Gutachtens mit Sachverhalt der Anklage gleichsetzen und im Übrigen auch nicht sehen, dass sich der fragliche Satz nach der Formulierung des Bearbeitervermerks nur auf das Gutachten bezieht.

Beispiele: »In einem Gutachten ist der Sachverhalt strafrechtlich zu würdigen und zu erörtern, welche abschließende(n) Verfügung(en) die zuständige Staatsanwaltschaft treffen wird. Die Verfügung(en) selbst ist (sind) nicht zu entwerfen.«

oder

»Das Gutachten bezüglich der Strafbarkeit der Beteiligten ist zu erstellen. Die von der Rechtsreferendarin Maier zu entwerfende Anklageschrift ist zu fertigen. Das wesentliche Ergebnis der Ermittlungen ist erlassen.«

8 Der Referendar hat zu bedenken, dass der Staatsanwalt das Ermittlungsverfahren abschließen muss, sobald der Fall »ausermittelt« ist, dh wenn durch die Polizei und/oder die Staatsanwaltschaft alle in Betracht kommenden Ermittlungen (Vernehmung des/der Beschuldigten und der Zeugen, Sicherung der Beweise usw) vorgenommen worden sind. Das ist auch regelmäßig die Situation in der Klausur; denn hier sind alle (vom Aufgabensteller gewünschten) Ermittlungen durchgeführt worden.

Oftmals heißt es im Bearbeitervermerk:

9 »Hält der Bearbeiter weitere Ermittlungen für erforderlich, so ist zu unterstellen, dass sie durchgeführt worden sind, jedoch keine weiterführenden Ergebnisse erbracht haben.«

In diesem Fall darf im Sachverhalt unter keinen Umständen mit Unterstellungen gearbeitet werden. Vielmehr ist davon auszugehen, dass das Tatgeschehen nicht oder nicht vollständig aufzuklären ist.

10 Bei der staatsanwaltlichen Abschlussverfügungsklausur wird die Bearbeitungszeit regelmäßig knapp bemessen sein. Dies sollte sich der Referendar zu Beginn der Arbeit vor Augen halten. Häufig sind zahlreiche Formalien zu fertigen, deren Vorhandensein der Korrektor als selbstverständlich ansieht und damit auch nicht als besondere Leistung bewertet (zB Kopf der Anklageschrift, Angabe der Beweismittel in der Anklage oder im Strafbefehl). Sollten diese Formalien aber fehlen, gehen Punkte verloren. Deshalb ist es notwendig, konzentriert und zügig zu arbeiten sowie die Zeiteinteilung entsprechend einzurichten.[2]

B. Zuständigkeit des ermittelnden Staatsanwalts

11 Da nur der *zuständige* Staatsanwalt mit der Abschlussverfügung befasst ist, ergeben sich im gedanklichen Ablauf (der sich nicht mit dem Bearbeitervermerk einer Klausur decken muss) folgende drei Entscheidungssituationen:

12 1. Zuständigkeit der Staatsanwaltschaft
13 2. Materielles Gutachten zuzüglich Prozessvoraussetzungen bzw. Prozesshindernisse sowie etwaige verfahrensrechtliche Fragestellungen
14 3. Formelle Abschlussverfügung

15 Ausführungen zur Zuständigkeit der Staatsanwaltschaft sind in der Klausur nur erforderlich, wenn die Zuständigkeit zweifelhaft ist. Manchmal klammert der Bearbeitervermerk die Zuständigkeitsfrage sogar von vornherein aus, wenn es heißt:

»Die Abschlussverfügung des zuständigen Staatsanwalts ist zu fertigen.«

---

2 Grdl. zu Fragen der Klausurtechnik *Forster* JuS 1992, 234. Diesen wichtigen Aufsatz sollte jeder Referendar zu Beginn seiner Ausbildung lesen.

I. Sachliche Zuständigkeit

Bei jedem Gericht soll nach § 141 GVG eine Staatsanwaltschaft bestehen. Das ist allerdings **16** nur teilweise realisiert worden, nachdem bei den Amtsgerichten bislang keine Staatsanwaltschaft eingerichtet wurde. Beim Amtsgericht nimmt die staatsanwaltlichen Aufgaben die Staatsanwaltschaft des übergeordneten Landgerichts wahr.

Staatsanwaltschaften gibt es nur bei den **17**
(1) Landgerichten, § 142 I Nr. 2 GVG,
(2) Oberlandesgerichten, § 142 I Nr. 2 GVG,
(3) Bundesgerichtshof, § 142 I Nr. 1 GVG.

Die bestehenden Staatsanwaltschaften sind demnach örtlich einem Gericht zugeordnet und **18** werden zB bezeichnet »Staatsanwaltschaft Aschaffenburg«.

Übersicht zum Aufbau der Staatsanwaltschaft **19**

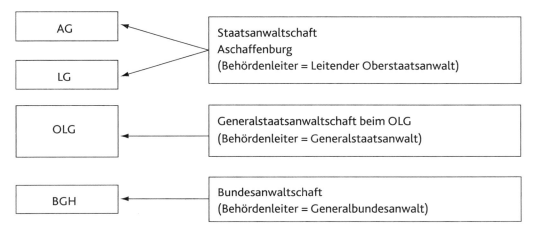

In Klausuren hat die sachliche Zuständigkeit regelmäßig deshalb keine Bedeutung, weil mit der Klausur geprüft werden soll, ob es der Referendar beherrscht, wie ein Staatsanwalt beim Abschluss des Ermittlungsverfahrens arbeitet.

II. Örtliche Zuständigkeit

Die örtliche Zuständigkeit der Staatsanwaltschaft wird durch die örtliche Zuständigkeit des **20** Gerichts bestimmt, für das sie bestellt ist, § 143 I GVG iVm §§ 7 ff. StPO. Dabei sind die vom Gesetz bestimmten Gerichtsstände gleichrangig. Nach Nr. 2 I RiStBV führt allerdings grundsätzlich der Staatsanwalt die Ermittlungen, in dessen Bezirk die Tat begangen wurde. Ein örtlich unzuständiger Staatsanwalt gibt die Sache formlos an die zuständige Staatsanwaltschaft ab.[3]

Gehört ein Ermittlungsverfahren zur Zuständigkeit eines bestimmten Staatsanwalts, so ist **21** dieser weder an die Grenzen des Bezirks des zuständigen Gerichts noch an die Grenzen des jeweiligen Bundeslandes gebunden.

---

3 Meyer-Goßner/Schmitt/*Schmitt* GVG § 143 Rn. 1.

22 **Übersicht zur Zuständigkeit der Staatsanwaltschaft**

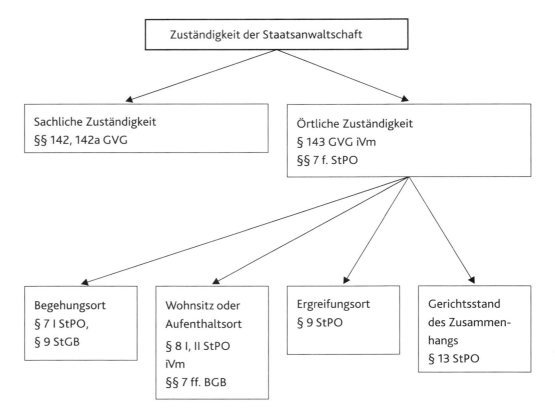

C. Prozessuale Tat

23 Am Ende eines »ausermittelten« Ermittlungsverfahrens muss der Staatsanwalt die im prozessualen Sinn begangene(n) Tat(en) des/der Beschuldigten formell abschließen. Nicht die Tat(en) im materiellen, sondern im prozessualen Sinn ist (sind) Gegenstand des Strafverfahrens gegen einen Beschuldigten, §§ 155 I, 264 I StPO. Deshalb empfiehlt es sich, falls möglich schon im materiell-rechtlichen Gutachten (→ Rn. 38 ff.), die Tatkomplexe so zu bilden, dass sie dem prozessualen Tatbegriff entsprechen.

24 Während das materielle Strafrecht im Bereich der »echten« Konkurrenzen zwischen Tateinheit, § 52 StGB, und Tatmehrheit, § 53 StGB, unterscheidet, sind dem Strafprozessrecht diese Begriffe fremd. Die StPO verwendet den eigenständigen prozessualen Begriff der »Tat« in §§ 155 I, 264 I StPO. Unter der Tat im prozessualen Sinn versteht die Rechtsprechung ein »konkretes Vorkommnis«, einen einheitlichen geschichtlichen Vorgang, der sich von anderen ähnlichen oder gleichartigen unterscheidet und innerhalb dessen der Täter einen Straftatbestand verwirklicht hat oder haben soll. Zu ihm gehört das gesamte Verhalten des Täters, soweit es nach natürlicher Auffassung einen einheitlichen Lebensvorgang darstellt.[4]

25 **Fall:** Dem Angeklagten lag zur Last, in der Nacht zum 8.12. zusammen mit unbekannt gebliebenen Mittätern Schmuck im Wert von mehr als 35.000 EUR in M entwendet zu haben. Das Landgericht stellte fest, dass der Angeklagte den Diebstahl nicht begangen hatte. Vielmehr erschien kurze Zeit nach dem 8.12. jemand beim Angeklagten in S mit einer Tasche, in der sich der gestohlene Schmuck befand, und bat den Angeklagten, die Tasche bei sich aufzubewahren. Der Angeklagte wusste, dass es sich um die Beute aus einer Straftat handelte und behielt die Tasche bei sich. Das Landgericht verurteilte den Angeklagten wegen Begünstigung.

---

4 Meyer-Goßner/Schmitt/*Schmitt* StPO § 264 Rn. 2 und 3; *Huber* JuS 2012, 208 ff.

Lösung (nach BGH NJW 1988, 837): Anklage und Urteil beziehen sich nicht auf dieselbe Tat, § 264 StPO. Der Lebensvorgang, der der Anklage zugrunde liegt (Diebstahl von Schmuck in M), unterscheidet sich nämlich nach Ort und Tatumständen eindeutig von dem abgeurteilten Geschehen (Aufbewahrung einer Tasche mit Schmuck in S), sodass bei natürlicher Betrachtungsweise nicht von einem einheitlichen geschichtlichen Geschehensablauf gesprochen werden kann. Es kommt hinzu, dass bei der angeklagten Tat die Angriffsrichtung des Täterverhaltens eine andere ist als bei dem abgeurteilten Geschehen: Während sich im ersten Fall der Täter (eigennützig) an fremdem Eigentum vergreift, will er hier (fremdnützig) einem anderen die Vorteile aus einer von diesem begangenen Tat sichern.[5]

26

Ob Vorgänge nach der »Auffassung des Lebens« ein einheitliches geschichtliches Ereignis darstellen, lässt sich oft nicht so klar wie im vorausgegangenen Fall beurteilen. Zur näheren Bestimmung des prozessualen Tatbegriffs sind daher weitere Kriterien entwickelt worden.

27

Grundsatz 1: Eine einheitliche Handlung iSd § 52 StGB stellt in der Regel auch eine einheitliche prozessuale Tat dar.[6]

28

Kommt der Bearbeiter im Gutachten zum Ergebnis, dass materiell-rechtlich *Tateinheit* vorliegt, ist unter Anwendung dieses ersten Grundsatzes regelmäßig auch prozessuale Tatidentität gegeben. Eine Begründung ist dann in der Klausur nicht erforderlich. Will der Bearbeiter allerdings bei materiell-rechtlicher Tateinheit von zwei oder mehreren prozessualen Taten ausgehen, muss er dies begründen.

29

Ausnahmen:

- Das Vergehen der Mitgliedschaft in einer kriminellen Vereinigung (§ 129 StGB) steht nach der bisherigen Rechtsprechung des BGH in Tateinheit zu Straftaten, die der Täter als Mitglied der Vereinigung in Verfolgung ihrer Ziele begeht (zB Mord). Diese Rechtsprechung hat der 3. Strafsenat des BGH aufgegeben. Er nimmt nunmehr an, eine Verknüpfung der tatbestandlichen Handlungseinheit des § 129 StGB mit anderen Straftaten, die der Zwecksetzung der Vereinigung oder deren Interessen diene, finde grundsätzlich nicht statt. Diese stehen vielmehr untereinander in Tatmehrheit, zu § 129 StGB jeweils in Tateinheit.[7] Abweichend vom ersten Grundsatz liegt selbst nach der früheren Ansicht des BGH nicht nur eine prozessuale Tat vor, sondern es handelt sich um mehrere prozessuale Taten. Begründet wird dies insbesondere mit der besonderen Struktur des § 129 StGB.

30

- Die rechtskräftige Verurteilung wegen eines Dauerdelikts (zB unerlaubter Besitz und Führen einer Waffe) verbraucht die Strafklage wegen eines mit dieser Waffe durchgeführten Verbrechens nicht.[8] Hier ist das Kapitalverbrechen ein nach Tatbild, Tatobjekt, Tatzeit und Tatort erheblich vom Dauerdelikt abweichendes Geschehnis und bei natürlicher Betrachtungsweise derart gegeneinander abgegrenzt, dass es nicht einen einheitlichen geschichtlichen Geschehensablauf darstellt.[9]

31

Grundsatz 2: Mehrere Handlungen im materiellen Sinn sind in der Regel auch prozessual selbstständig.[10]

32

Der prozessuale Tatbegriff ist weiter als der materiell-rechtliche Handlungsbegriff. Daher können auch in Tatmehrheit stehende Straftaten in einer prozessualen Tat zusammentreffen.

33

5 Vgl. hierzu auch die ähnliche Problematik, ob die Verurteilung wegen Hehlerei die Strafklage wegen eines vorausgegangenen Raubes des Hehlgutes verbraucht hat, BGH NJW 1988, 1742; für Diebstahl und Hehlerei S. aber BGH NJW 1988, 3108 und NStZ 1999, 523.
6 Meyer-Goßner/Schmitt/*Schmitt* StPO § 264 Rn. 12.
7 BGHSt 29, 288 = NJW 1980, 2718; BGH NStZ 2001, 436 ff.; Meyer-Goßner/Schmitt/*Schmitt* StPO § 264 Rn. 18; *Fischer* StGB § 129 Rn. 69; BGH NJW 2016, 657 ff.
8 BGH NJW 1989, 1810; Meyer-Goßner/Schmitt/*Schmitt* StPO § 264 Rn. 17.
9 Zu dieser sehr umstrittenen Frage s. auch *v. Heintschel-Heinegg* Prüfungstraining StrafR I Rn. 713 ff.
10 Meyer-Goßner/Schmitt/*Schmitt* StPO § 264 Rn. 14.

In der Klausur sind bei materiell-rechtlicher Tatmehrheit eher Ausführungen zum prozessualen Tatbegriff zu machen als bei materiell-rechtlicher Tateinheit.

34 **Ausnahme:** Zwischen einer Gefährdung des Straßenverkehrs nach § 315c StGB und dem nachfolgenden unerlaubten Entfernen vom Unfallort nach § 142 StGB besteht zwar materiell-rechtlich Tatmehrheit, aber prozessrechtlich Tatidentität. Diese Tatidentität erstreckt sich nicht auf eine nach Beendigung des unerlaubten Entfernens vom Unfallort während der weiteren Trunkenheitsfahrt begangene neue Gefährdung des Straßenverkehrs.

35 **Fall:** Der Angeklagte, aufgrund Alkoholgenusses fahruntüchtig, verschuldete in D einen Zusammenstoß mit einem anderen Pkw. Um sich den Feststellungen seiner Person und der Art seiner Beteiligung an dem Unfall zu entziehen, hielt er nicht an, sondern fuhr davon. Nach drei bis vier Kilometern Fahrt prallte er in C gegen einen Straßenbaum; sein Mitfahrer wurde verletzt. Wegen des zweiten Unfalls wurde der Angeklagte vom Amtsgericht C rechtskräftig wegen fahrlässiger Körperverletzung in Tateinheit mit fahrlässiger Gefährdung des Straßenverkehrs verurteilt. Das Amtsgericht D verurteilte den Angeklagten wegen des ersten Unfalls nach §§ 315c I Nr. 1a, III Nr. 1, 142 I Nr. 1 StGB. Mit der Revision machte der Angeklagte geltend, die Strafklage sei durch das rechtskräftige Urteil des Amtsgerichts C verbraucht.

36 **Lösung** (nach BGHSt 23, 141 ff.): Die Strafklage ist nicht verbraucht. Die fahrlässige Gefährdung des Straßenverkehrs, die zum ersten Unfall geführt hat, und das (in Tateinheit mit einem Vergehen nach § 316 II StGB begangene) unerlaubte Entfernen vom Unfallort stehen im Verhältnis der *Tatmehrheit* zueinander. Eine Trunkenheitsfahrt endet nämlich regelmäßig, wenn sich der Täter nach einem von ihm verursachten Unfall zur Flucht entschließt. Nach dem herkömmlichen prozessualen Tatbegriff bilden aber die fahrlässige Gefährdung des Straßenverkehrs und das daran anschließende unerlaubte Entfernen vom Unfallort ungeachtet ihrer sachlichrechtlichen Selbstständigkeit einen einheitlichen Lebensvorgang und damit verfahrensrechtlich *eine* Tat, § 264 StPO. Sie gehen nicht nur äußerlich ineinander über, sondern sind auch innerlich – strafrechtlich – eng miteinander verknüpft, da der Unrechts- und Schuldgehalt des unerlaubten Entfernens vom Unfallort nicht ohne Berücksichtigung der Umstände, unter denen es zum Unfall gekommen ist, beurteilt werden kann. Die natürliche Betrachtungsweise, auf die es entscheidend ankommt, lässt ihre getrennte Würdigung und Aburteilung in verschiedenen Verfahren nicht zu. Eine Trennung würde als »unnatürliche Aufspaltung eines einheitlichen Lebensvorgangs« empfunden werden. Das unerlaubte Entfernen vom Unfallort nach dem ersten Unfall wird dagegen von der Rechtskraft nicht erfasst. Es war, da der Angeklagte während der Dunkelheit bereits mehrere Kilometer weitergefahren war und eine andere Ortschaft durchfahren hatte, beendet, bevor sich der zweite Unfall anbahnte. Das unerlaubte Entfernen gehört deshalb nach natürlicher Betrachtung nicht zum zweiten Unfallgeschehen; denn mit diesem bildet es keinen einheitlichen Lebensvorgang, dessen getrennte Würdigung und Aburteilung als unnatürliche Aufspaltung empfunden würde. Voneinander unabhängige Unfallgeschehen sind auch prozessual selbstständige Taten. Die gegenteilige Auffassung würde nach Ansicht des BGH zu unannehmbaren Ergebnissen führen: »Ein angetrunkener Kraftfahrer beispielsweise, der in Karlsruhe einen Unfall verursacht und über die Autobahn flieht, der auf dieser Fahrt bei Stuttgart und vor München weitere Unfälle verursacht und flieht und schließlich, vielleicht in Unkenntnis der früheren Vorfälle, nur wegen des letzten Unfallgeschehens rechtskräftig abgeurteilt wird, könnte allein deswegen, weil er fahruntüchtig war, wegen des gesamten vorausgegangenen, möglicherweise mit Personenschaden verbundenen strafbaren Verhaltens nicht mehr zur Verantwortung gezogen werden. Das kann nicht rechtens sein.«

37 Die Abschlussverfügung selbst enthält regelmäßig keine Ausführungen zum prozessualen Tatbegriff. Vielmehr ergibt sich aus der formalen Behandlung indirekt, wie der Bearbeiter die Frage der prozessualen Tat gelöst hat. Ist die Frage der prozessualen Tatidentität zweifelhaft, empfiehlt es sich, am Ende des materiell-rechtlichen Gutachtens nach der Erörterung der Konkurrenzen und der Prozessvoraussetzungen Ausführungen hierzu zu machen. Fehler bei der Behandlung des prozessualen Tatbegriffs wirken sich in der Bewertung der Klausur dann nicht besonders negativ aus, wenn die formelle Abschlussverfügung konsequent durchgeführt wird. Ein gravierender Fehler in der Klausur ist es aber, wenn nach Bejahung prozessualer Tatidentität eine Teileinstellung nach § 170 II 1 StPO wegen nicht angenommener Delikte erfolgt (→ Rn. 237, 239, 243 ff.).

D. Materiell-rechtliches Gutachten

I. Grundsätzliches zum Gutachtensaufbau

Gegenüber dem strafrechtlichen Gutachten im Referendarexamen bestehen keine Besonderheiten: Regelmäßig zerfällt der gesamte Sachverhalt durch die zeitliche oder räumliche Trennung des Geschehens in einzelne, aber wiederum in sich zusammengehörige Vorgänge, die einer getrennten rechtlichen Würdigung fähig und bedürftig sind. Dann ist zunächst nach Tatkomplexen zu gliedern, wobei der prozessuale Tatbegriff eine Orientierungshilfe bietet.   **38**

Soweit es nicht nur um die Strafbarkeit einer einzigen Person geht, ist innerhalb der Tatkomplexe nach den beteiligten Personen zu gliedern. Zu beginnen ist stets mit dem »Tatnächsten«, dh mit demjenigen, der die Deliktsmerkmale in eigener Person verwirklicht hat. Danach ist das Verhalten der übrigen Beteiligten in der Reihenfolge nach ihrer Stellung zur Tat als Täter und als Teilnehmer zu erörtern. Innerhalb der einzelnen Person ist nach den einzelnen Handlungen bzw. Unterlassungen zu gliedern.[11]   **39**

II. Besonderheiten in der Assessorklausur

1. Inhalt

Die Frage, *welche* Delikte im Gutachten zu prüfen sind, muss im Zusammenhang mit den Voraussetzungen der Einleitung eines Ermittlungsverfahrens gesehen werden. Ein Ermittlungsverfahren ist eingeleitet, sobald die Staatsanwaltschaft, eine Behörde oder ein Beamter des Polizeidienstes eine Maßnahme trifft, die erkennbar darauf abzielt, gegen jemanden strafrechtlich vorzugehen.[12] Die Staatsanwaltschaft muss aufgrund des in § 152 II StPO verankerten *Legalitätsprinzips* wegen aller verfolgbaren Straftaten einschreiten, sofern zureichende tatsächliche Anhaltspunkte vorliegen. Dabei hat sie nach § 160 I StPO den möglicherweise strafrechtlich relevanten Sachverhalt zu erforschen, von dem sie durch Strafanzeige, Strafantrag oder amtlicher Wahrnehmung Kenntnis erlangt hat.   **40**

Der Verfolgungszwang des § 152 II StPO setzt »zureichende tatsächliche Anhaltspunkte« für eine verfolgbare Straftat voraus. Dieser Anfangsverdacht muss konkret belegt sein. Bei aller Unsicherheit über die erforderliche Intensität dieses Anfangsverdachts steht immerhin so viel fest: Er muss nicht den relativ hohen Grad von Wahrscheinlichkeit aufweisen, wie er für den Abschluss eines Ermittlungsverfahrens durch Erhebung öffentlicher Klage erforderlich ist; erst recht ist kein »dringender Verdacht« notwendig, wie er Voraussetzung für einen Haftbefehl, § 112 I 1 StPO, ist. Da es gerade Aufgabe des Ermittlungsverfahrens ist, den zur Anklageerhebung erforderlichen »genügenden Anlass zur Erhebung der öffentlichen Klage«, § 170 I StPO, aufzuhellen, genügt für den Anfangsverdacht eine relativ schwache Wahrscheinlichkeit; die Zweifel können hier noch überwiegen.[13]   **41**

Deshalb sind im materiell-rechtlichen Gutachten *alle* Delikte zu prüfen, für die zu Beginn des Ermittlungsverfahrens ein Anfangsverdacht vorlag. Der Bearbeiter ist hierbei nicht an die im Ermittlungsverfahren bereits genannten Delikte (zB durch die ermittelnden Polizeibeamten) gebunden, sondern muss umfassend sämtliche in Betracht kommenden verfolgbaren Straftaten erörtern, soweit bei Einleitung des Ermittlungsverfahrens zureichende tatsächliche Anhaltspunkte vorlagen.   **42**

---

11 Überblick bei *v. Heintschel-Heinegg* Prüfungstraining StrafR I Rn. 80 ff.
12 Meyer-Goßner/Schmitt/*Schmitt* StPO Einl. Rn. 60.
13 Zum Ganzen Meyer-Goßner/Schmitt/*Schmitt* StPO § 152 Rn. 4.

43 **Beispiel:** Aus dem Ermittlungsergebnis der Polizeibeamten ergibt sich, dass diese den Beschuldigten eines Diebstahls für verdächtig hielten. An diese rechtliche Würdigung ist der Bearbeiter nicht gebunden. Sollte sich nämlich ergeben, dass ein »Anfangsverdacht« zusätzlich für einen Betrug gem. § 263 StGB vorlag, ist auch dieser Tatbestand im Gutachten zu prüfen.

Selbstverständlich sind im materiell-rechtlichen Gutachten darüber hinaus auch diejenigen Delikte zu behandeln, die sich erst im Laufe der Ermittlungen herauskristallisiert haben.

44 **Beispiel:** Während eines Ermittlungsverfahrens wegen einer am 5.2. begangenen Urkundenfälschung stellt sich heraus, dass der Beschuldigte möglicherweise noch am 20.2. einen Diebstahl begangen hat. Bei der Frage, *welche* Delikte zu erörtern sind, spielt es keine Rolle, ob die einzelnen Tatbestände tatsächlich erfüllt wurden oder nicht. Auch wenn einige Delikte nicht gegeben sind, müssen diese dennoch in der Abschlussverfügung behandelt werden, weil die Staatsanwaltschaft den Sachverhalt unter allen in Betracht kommenden rechtlichen Gesichtspunkten abschließen muss.

2. Umfang

45 Im Assessorexamen muss das Gutachten nicht mit der Ausführlichkeit abgefasst werden wie im Referendarexamen. Meist wird es hierfür schon an der erforderlichen Zeit fehlen. Insbesondere sind nicht stets sämtliche Tatbestandsmerkmale eines Delikts zu erörtern. Vielmehr genügt es, nur die Tatbestandsmerkmale zu prüfen, die nach Sachlage problematisch sind.

Ausführungen zu Rechtswidrigkeit und Schuld sind verfehlt, wenn der Klausurfall dafür keinerlei Anlass bietet. Solche Erörterungen zeigen lediglich, dass der Bearbeiter der Klausur den für die Praxis wichtigen Blick für das Wesentliche nicht besitzt.[14]

46 **Beispiel:** »A könnte dadurch, dass er das Fahrrad des B weggenommen hat, einen Diebstahl nach § 242 I StGB begangen haben. Dann müsste A eine fremde bewegliche Sache einem anderen in der Absicht weggenommen haben, dieselbe sich rechtswidrig zuzueignen. Voraussetzung dafür ist, dass das Fahrrad des B eine für A fremde bewegliche Sache ist. ...« Dies sind Leersätze, die unnötig sind. Bei der Prüfung mehrerer Tatbestände kostet ein solches Vorgehen zu viel Zeit. In der staatsanwaltlichen Abschlussverfügungsklausur ist die Zeit regelmäßig knapp. Der Bearbeiter sollte deshalb nach der Bezeichnung der zu prüfenden Vorschrift, zB »§ 242 StGB«, sofort in die Tatbestandsprüfung einsteigen: »Im Rahmen des objektiven Tatbestandes ist allein die Frage der Wegnahme problematisch. ...«[15]

3. Prozessvoraussetzungen

47 Die Strafverfolgung setzt voraus, dass die Prozessvoraussetzungen vorliegen.[16] Denn das Ermittlungsverfahren ist nach § 170 II 1 StPO auch dann einzustellen, wenn aus prozessualen Gründen, zB wegen Verjährung oder Strafklageverbrauch, die Straftat des Beschuldigten nicht verfolgt werden kann. Im Anschluss an die Tatbestandsmäßigkeit, Rechtswidrigkeit, Schuld und sonstigen Strafbarkeitsvoraussetzungen (Strafausschließungs- und Strafaufhebungsgründe) sind also in der letzten Prüfungsstufe die Prozessvoraussetzungen zu untersuchen, allerdings nur, wenn der Sachverhalt dazu Anlass gibt.

48 Die Prozessvoraussetzungen sind in jeder Lage des Verfahrens von der Staatsanwaltschaft (ab Anklageerhebung auch vom Gericht) von Amts wegen zu prüfen. Fehlt es an einer

---

14 *Wolters/Gubitz* StrafR Rn. 8 ff.
15 S. auch *Forster* JuS 1992, 238.
16 Eine gute Zusammenstellung der Prozessvoraussetzungen und deren Folgen findet sich bei Meyer-Goßner/Schmitt/*Schmitt* StPO Einl. Rn. 141 ff.

Prozessvoraussetzung, dh besteht ein Verfahrenshindernis, ist das Ermittlungsverfahren einzustellen.[17]

Wichtige Prozessvoraussetzungen sind   49
- Strafantrag bei den Antragsdelikten[18]
- keine Verjährung
- kein Strafklageverbrauch sowie
- kein Beweisverwertungsverbot.

a) Strafantrag

Findet sich im Bearbeitervermerk der Hinweis, dass »etwa erforderliche Strafanträge gestellt   50
sind«, ist hierauf kurz bei der Behandlung des Antragsdelikts hinzuweisen. Enthält der
Bearbeitervermerk keinen Hinweis auf gestellte Strafanträge, ist zu prüfen, ob der Strafantrag
frist- und formgerecht gestellt worden ist. Nach § 77b I 1 StGB wird eine Tat, die nur auf
Antrag verfolgbar ist, nicht verfolgt, wenn der Antragsberechtigte es unterlässt, den Antrag
bis zum Ablauf einer Frist von drei Monaten zu stellen. Diese Frist beginnt mit Ablauf des
Tages, an dem der Berechtigte von der Tat und der Person des Täters Kenntnis erlangt,
§ 77b II 1 StGB. Der Strafantrag muss bei einem Gericht oder der Staatsanwaltschaft
schriftlich oder zu Protokoll, bei einer anderen Behörde schriftlich angebracht werden, § 158
II StPO. Nach § 77d I StGB kann der Strafantrag bis zum rechtskräftigen Abschluss des
Verfahrens zurückgenommen werden. Damit liegt ein Verfahrenshindernis vor. Prozessual
führt die Rücknahme zur Einstellung (je nach Verfahrensstand §§ 170 II, 206a oder 260 III
StPO) und Kostenlast für den Zurücknehmenden (§ 470 StPO).

Bei einigen wichtigen Antragsdelikten kann das Antragserfordernis durch die Bejahung des   51
besonderen öffentlichen Interesses an der Strafverfolgung von der Staatsanwaltschaft ersetzt
werden, wie zB bei der fahrlässigen und vorsätzlichen Körperverletzung, §§ 223, 229 StGB
(§ 230 I StGB), beim Diebstahl und der Unterschlagung geringwertiger Sachen, §§ 242 I,
246 I StGB (§ 248a StGB) sowie bei der Sachbeschädigung, § 303 I StGB (§ 303c StGB;
→ Rn. 139 f.).

Als Prozesserfordernis für die Verfolgung eines Antragsdelikts darf der Strafantrag nicht mit   52
der *Strafanzeige* verwechselt werden. Im Gegensatz zum Strafantrag, den nur ein Antrags-
berechtigter stellen kann, vermag jeder Strafanzeige zu erstatten. Durch die Strafanzeige
sollen die Strafverfolgungsorgane vom Verdacht einer Straftat Kenntnis erlangen, § 158 I
StPO. Da beide in einer Erklärung verbunden sein können, enthält eine auf ein Antragsdelikt
bezogene »Strafanzeige« auch den erforderlichen Strafantrag, wenn bei einer Auslegung
entsprechend § 133 BGB das Verlangen nach Strafverfolgung eindeutig zum Ausdruck
kommt.

> **Beispiel:** »Hiermit erstatte ich Strafanzeige wegen Hausfriedensbruchs und verlange ent-   53
> sprechend strenge Bestrafung.«

Eine unter den Formerfordernissen des § 158 II StPO erstattete Strafanzeige enthält also
nicht stets auch einen Strafantrag.[19]

Nach Nr. 110 II d RiStBV enthält die Anklageschrift bei Antragsdelikten im Anklagesatz   53a
einen Hinweis auf den Strafantrag. Auch aus diesem Grund ist es schon bei Abfassung des
Gutachtens wichtig, sich darüber Gedanken zu machen, ob der Strafantrag gestellt ist. Wird
dieses Problem schon im Gutachten gelöst, besteht auch die Gewähr, dass der Hinweis auf
den gestellten Strafantrag bei Fertigung der Anklageschrift nicht vergessen wird.

---

17 Außerhalb der Hauptverhandlung hat das **Gericht** das Verfahren durch *Beschluss* nach § 206a I StPO und
   innerhalb der Hauptverhandlung durch *Urteil* nach § 260 III StPO einzustellen.
18 Bei den Privatklagedelikten ist das Vorliegen des öffentlichen Interesses nach § 376 StPO Prozessvoraussetzung, näher → Rn. 271 ff.
19 *v. Heintschel-Heinegg* Prüfungstraining StrafR I Rn. 704.

b) Verjährung

54 Auf die in §§ 78–78c StGB geregelte Verfolgungsverjährung ist immer dann zu achten, wenn die Tat im Zeitpunkt der Abschlussverfügung länger als drei Jahre zurückliegt. Die kürzeste Verjährungsfrist beträgt drei Jahre, § 78 III Nr. 5 StGB. Umgekehrt ist, wenn die Verjährungsfrist abgelaufen ist, zu untersuchen, ob nicht die Verjährung ruhte, § 78b StGB, oder durch bestimmte Prozesshandlungen unterbrochen wurde, § 78c I 1 Nr. 1–12 StGB. In Examensklausuren wird § 78 III StGB von vielen Referendaren fehlerhaft gelesen und verstanden.

Beispiele:
a) **Raub, § 249 StGB,** verjährt nach § 78 III Nr. 2 StGB in 20 Jahren, weil sein Strafrahmen nach § 249 I StGB 1 Jahr bis 15 Jahre beträgt, § 38 II StGB. Damit wird der Raub im Höchstmaß mit einer Freiheitsstrafe von mehr als 10 Jahren bedroht, § 78 III Nr. 2 StGB. Die in § 249 II StGB (minder schwerer Fall) vorgesehene Milderung bleibt bei der Bestimmung der Verjährungsfrist außer Betracht, § 78 IV StGB.
b) **Brandstiftung, § 306 StGB,** verjährt nach § 78 III Nr. 3 StGB in 10 Jahren, weil sie im Höchstmaß (»... bis zu zehn Jahren«) mit einer Freiheitsstrafe von mehr als 5 Jahren bis zu 10 Jahren bedroht ist.
c) **Diebstahl, § 242 StGB,** verjährt nach § 78 III Nr. 4 StGB in 5 Jahren, weil er im Höchstmaß (»... bis zu fünf Jahren«) mit einer Freiheitsstrafe von mehr als 1 Jahr bis zu 5 Jahren bedroht ist.
d) **Hausfriedensbruch, § 123 StGB,** verjährt nach § 78 III Nr. 5 StGB in 3 Jahren, weil er im Höchstmaß (»... bis zu einem Jahr ...«) mit Freiheitsstrafe bis zu einem Jahr bedroht ist.

Ein häufig vorkommender Fehler bei der Anwendung des § 78c I Nr. 1 StGB ist, dass diese Vorschrift nicht vollständig gelesen wird. Die Verjährung wird danach nicht nur durch die erste Vernehmung des Beschuldigten bzw. die Bekanntgabe, dass gegen ihn das Ermittlungsverfahren eingeleitet ist, unterbrochen, sondern auch schon durch die *Anordnung* dieser Vernehmung oder Bekanntgabe. Gleichgültig ist, ob die Anordnung der Vernehmung vom Gericht, der Staatsanwaltschaft oder einer Polizeidienststelle stammt und ob der Beschuldigte davon erfährt.[20] Bei § 78c I Nr. 10 und 11 StGB wird von Referendaren häufig übersehen, dass nur die vorläufige *gerichtliche* Einstellung des Verfahrens wegen Abwesenheit oder Verhandlungsunfähigkeit des Angeschuldigten nach § 205 StPO die Verjährung unterbricht, nicht die vorläufige *staatsanwaltliche* Einstellung des Verfahrens nach § 154f StPO analog.

c) Strafklageverbrauch

55 Der Verbrauch der Strafklage ist die wichtigste Wirkung der materiellen Rechtskraft. Er tritt erst ein, wenn das Verfahren wegen der Tat, die Gegenstand des Verfahrens ist, formell rechtskräftig ist. Die Sperrwirkung macht eine neue Strafverfolgung gegen denselben Täter wegen derselben Tat unzulässig, Art. 103 III GG.[21]

56 Maßgeblich für die Bestimmung der sachlichen Reichweite des Strafklageverbrauchs ist somit die prozessuale Tatidentität. Der Strafklageverbrauch reicht so weit, wie die *Sachentscheidung durch das Gericht* aufgrund der Anklage und des Eröffnungsbeschlusses in tatsächlicher und rechtlicher Hinsicht geboten war. *Einstellungsverfügungen der Staatsanwaltschaft* bewirken dagegen grundsätzlich keinen Strafklageverbrauch (Ausnahme: § 153a I 5 StPO). Durch die Einstellung des Verfahrens nach § 170 II 1 StPO tritt damit kein Strafklageverbrauch ein; das Ermittlungsverfahren kann vielmehr jederzeit wieder aufgenommen werden, wenn Anlass dazu besteht.[22]

57 Auch *gerichtliche Einstellungsbeschlüsse,* zB §§ 153 II, 153a II, 154 II StPO, können die Strafklage ganz oder beschränkt verbrauchen.

---

20 *Fischer* StGB § 78c Rn. 10.
21 Meyer-Goßner/Schmitt/*Schmitt* StPO Einl. Rn. 171.
22 Meyer-Goßner/Schmitt/*Schmitt* StPO § 170 Rn. 9.

- Umstritten ist, ob die gerichtliche Einstellung des Verfahrens nach § 153 II StPO zu einem **58** Strafklageverbrauch führt. Während § 153a I 5, II StPO ausdrücklich einen Strafklage-verbrauch (bezüglich einer Verfolgung als *Vergehen*) bestimmt, fehlt eine entsprechende Regelung in § 153 StPO. Die erneute Strafverfolgung soll zulässig sein,
  - falls neue Tatsachen oder Beweismittel bekannt werden analog § 211 StPO, § 47 III JGG, die zu einer Änderung der rechtlichen Beurteilung der Tat führen,[23]
  - nur falls neue Tatsachen oder Beweismittel vorliegen, die unter einem anderen recht-lichen Gesichtspunkt eine erhöhte Strafbarkeit begründen,[24]
  - nur falls sich die Tat nunmehr als *Verbrechen* darstellt.[25]
- Der BGH hat nunmehr entschieden, dass eine gerichtliche Entscheidung nach § 153 II **59** StPO zu einem beschränkten Strafklageverbrauch führt. Dies erfordert schon der sich aus dem Rechtsstaatsprinzip (Art. 20 III GG) ergebende Gesichtspunkt des Vertrauensschut-zes. Einer unbeschränkten Möglichkeit des Wiederaufgreifens des Verfahrens stünde auch die Regelung des § 153 II 4 StPO entgegen, die eine Unanfechtbarkeit des Einstellungs-beschlusses vorsieht. Eine maßgebliche Schranke bildet aber die Regelung des § 153a I 5 StPO. Wenn sogar für die Einstellung unter einer Auflage die spätere Verfolgung der Tat als Verbrechen noch möglich bleibt, können für die Einstellung nach § 153 StPO, die dem Beschuldigten kein Opfer abverlangt, keine weiteren Anforderungen gelten. Im Übrigen sieht der BGH grundsätzlich keinen Anlass, bei gerichtlichen Einstellungsentscheidungen nach § 153 II StPO zusätzliche – über § 153a I 5 StPO und die Wiederaufnahmevorschrif-ten (§ 362 StPO) hinausgehende – Beschränkungen des Strafklageverbrauchs anzuneh-men.[26]
- Hat das Gericht das Verfahren gem. § 153a II StPO eingestellt, besteht bis zur Erfüllung **60** der Auflagen und Weisungen noch kein endgültiges, sondern nur ein bedingtes Verfah-renshindernis. Bei Nichterfüllung der Auflagen und Weisungen wird das Verfahren fort-gesetzt. Endgültig entsteht das Verfahrenshindernis mit der Erfüllung der Auflagen und Weisungen. Eine neue Strafverfolgung des Angeklagten nach einer Einstellung gem. § 153a II StPO ist wegen derselben Tat nur zulässig, wenn sich der Verdacht eines *Ver-brechens* ergibt, § 153a II 2 StPO iVm I 5 StPO. Neue Tatsachen oder Beweismittel sind dafür nicht erforderlich.[27]
- Die vorläufige Einstellung des Verfahrens nach § 154 II StPO beendet die gerichtliche **61** Anhängigkeit bzw. Rechtshängigkeit[28] und schafft insoweit ein Verfahrenshindernis. Ist das Verfahren mit Rücksicht auf eine wegen einer anderen Tat bereits rechtskräftig erkannten Strafe vorläufig eingestellt worden, kann es, falls nicht inzwischen Verjährung eingetreten ist, wieder aufgenommen werden, wenn die rechtskräftig erkannte Strafe nach-träglich wegfällt, § 154 III StPO. Nach § 154 IV StPO kann das Verfahren binnen drei Monaten nach Rechtskraft des wegen der anderen Tat ergehenden Urteils wieder auf-genommen werden, wenn es mit Rücksicht auf eine wegen einer anderen Tat zu erwarten-de Strafe vorläufig eingestellt worden ist, falls nicht inzwischen Verjährung eingetreten ist.

Die durch *Strafbefehl* rechtskräftig abgeurteilte Tat kann schon im Wege der Wiederauf- **62** nahme des Verfahrens unter den erleichterten Voraussetzungen des § 373a StPO nochmals aufgegriffen werden, wenn neue Tatsachen oder Beweismittel beigebracht sind, die allein oder in Verbindung mit den früheren Beweisen geeignet sind, die Verurteilung wegen eines *Verbrechens* zu begründen.

---

23 Meyer-Goßner/Schmitt/*Schmitt* StPO § 153 Rn. 37 f.
24 Meyer-Goßner/Schmitt/*Schmitt* StPO § 153 Rn. 38.
25 Meyer-Goßner/Schmitt/*Schmitt* StPO § 153 Rn. 37.
26 BGH NJW 2004, 375.
27 Meyer-Goßner/Schmitt/*Schmitt* StPO § 153a Rn. 52.
28 Zu den Begriffen Meyer-Goßner/Schmitt/*Schmitt* StPO § 156 Rn. 1.

d) Beweisverwertungsverbote

63 Die Beweisverwertungsverbote spielen nicht nur in den Strafurteils- und Revisionsklausuren eine große Rolle, sondern auch in der staatsanwaltlichen Abschlussverfügungsklausur (lesenswert: *Finger* JA 2006, 529 ff.). Sie schließen die Berücksichtigung bestimmter Beweisergebnisse und Sachverhalte aus, die damit nicht zum Gegenstand der Beweiswürdigung und letztlich Urteilsfindung gemacht werden dürfen. Sollte der hinreichende Tatverdacht nicht auf andere Art und Weise nachgewiesen werden, muss bei Vorliegen eines Beweisverwertungsverbotes das Ermittlungsverfahren gem. § 170 II 1 StPO eingestellt werden. Der Referendar wird deshalb während seiner Ausbildung die stark in Fluss befindliche Rechtsprechung zu den Beweisverwertungsverboten verfolgen müssen.

64 • Ein ausdrückliches Verwertungsverbot statuiert die StPO in § 136a III 2, der die Verwertung durch verbotene Vernehmungsmittel zustande gekommener Aussagen auch dann untersagt, wenn der Beschuldigte der Verwertung zustimmt. Die Aufzählung der verbotenen Mittel in § 136a I StPO ist nicht abschließend; die genannte Vorschrift enthält nur Beispiele unzulässiger Beeinträchtigungen. Verboten sind alle Methoden, mit denen derselbe Zweck verfolgt wird wie mit den in § 136a I StPO ausdrücklich genannten Mitteln.[29] Von besonderer praktischer Bedeutung sind die Fälle, die nur schwer von der erlaubten kriminalistischen Taktik abzugrenzen sind. Erlaubt ist nämlich die kriminalistische List, verboten dagegen die bewusste Täuschung.

65 **Fall:** Der Angeklagte hatte am Anfang der polizeilichen Vernehmung seine Tatbeteiligung an einem Tötungsdelikt abgestritten. Die der Polizei bekannten, gegen diese Einlassung sprechenden Umstände waren keine den Angeklagten stark belastenden Indizien. Dennoch erklärte der Polizeibeamte dem Angeklagten, es lägen so viele Beweise gegen ihn vor, dass er auf keinen Fall entlassen werde, wenn er bei seiner bisherigen Einlassung bleibe; er habe überhaupt keine Chance. Alles laufe auf Mord mit lebenslänglicher Freiheitsstrafe hinaus. Er könne seine Lage überhaupt nur verbessern, wenn er ein Geständnis ablege; denn dann lasse sich prüfen, ob die Tat möglicherweise nur als Totschlag oder Körperverletzung mit Todesfolge einzuordnen sei. Der Angeklagte legte daraufhin ein Geständnis ab, das er in der Hauptverhandlung widerrief.

66 **Lösung** (nach BGHSt 35, 328 ff. = NJW 1989, 842, OLG Frankfurt a. M. StV 1998, 119 ff., ähnlich LG Freiburg StV 2004, 647 [648]): In dem Verhalten des Polizeibeamten lag eine Täuschung des Angeklagten iSv § 136a I 1 StPO, die Ursache seines Geständnisses geworden ist. Diese Vorschrift, die nach § 163a IV 2 StPO auch für Polizeibeamte gilt, schließt nicht jede List bei der Vernehmung aus, verbietet aber eine Lüge, durch die der Beschuldigte bewusst irregeführt und seine Aussagefreiheit beeinträchtigt wird. Ein Vernehmungsbeamter kann jedenfalls auch dann über Tatsachen täuschen, wenn er dem Beschuldigten gegenüber nur pauschal und ohne bestimmte Beweismittel vorzuspiegeln von einer Beweislage spricht, die ausreiche, ihn zu überführen, und daher eine Entlassung und einen späteren Freispruch ausschließe. Weiß der Vernehmende, dass aufgrund der bisherigen Ermittlungen kein dringender Tatverdacht, sondern allenfalls ein Anfangsverdacht gerechtfertigt ist, erklärt er aber dem vorläufig Festgenommenen trotzdem, die gegen ihn vorliegenden Beweise ließen ihm keine Chance, er könne seine Lage nur durch ein Geständnis verbessern, weil die ihm nachweisbare Tat dann milder beurteilt werden könne, so täuscht er ihn über die Beweis- und Verfahrenslage. Bei einer solchen Fallgestaltung ist die Behauptung, der Beschuldigte werde, auch wenn er nicht gestehe, auf jeden Fall verurteilt werden, nicht nur eine unrichtige Prognose über den künftigen Ausgang des Gerichtsverfahrens, sondern eine unzulässige Einwirkung auf das Vorstellungsbild des Beschuldigten, um ihm die Überzeugung von einem so nicht vorliegenden Beweisergebnis und der Richtigkeit darauf gestützter falscher rechtlicher Schlussfolgerungen zu verschaffen.

---

29 Meyer-Goßner/Schmitt/*Schmitt* StPO § 136a Rn. 6; zur Frage der Verwertbarkeit von selbstbelastenden Angaben des Beschuldigten gegenüber einem Mitgefangenen in der Untersuchungshaft vgl. BGH NJW 1998, 3506 und *Müller-Christmann* JuS 2000, 168.

● Die Beweisverwertung wird auch durch § 252 StPO untersagt. Diese Bestimmung ver-   67
bietet die Verlesung der polizeilichen Aussage eines Zeugen, der erst in der Hauptverhandlung von seinem Zeugnisverweigerungsrecht Gebrauch macht.

Fall: Da sich die Tataufklärung eines Mordes als äußerst schwierig erwies, verpflichtete die   68
Polizei im Einvernehmen mit der Staatsanwaltschaft R und H als Vertrauenspersonen. Diese
hatten den Auftrag, Kontakt mit zwei Tatverdächtigen (den späteren Angeklagten) und deren
Umfeld aufzunehmen. Ihre Wahrnehmungen sollten sie jeweils vollständig an die Polizei wei-
tergeben. Die beiden V-Leute sprachen ihre Kontakte mit der Polizei ab, hatten aber keine
Kenntnis vom Stand der Ermittlungen. Es gelang ihnen, das Vertrauen des Angeklagten L und
seiner Verlobten K zu gewinnen. Diese erklärte von sich aus einem der V-Männer gegenüber, der
in einer Zeitung abgebildete Tathammer gehöre dem Angeklagten L. Auf Nachfrage beschrieb
sie individuelle Merkmale. Erstmals gegenüber dem Ermittlungsrichter und dann in der Hauptverhandlung berief sich die Zeugin K auf ihr Zeugnisverweigerungsrecht nach § 52 I Nr. 1 StPO
und machte keine Angaben zur Sache. Gegen den Widerspruch der Verteidigung vernahm das
Landgericht die V-Leute R und H als Zeugen darüber, was K ihnen gegenüber geäußert hat.
Beide Revisionen rügten die Verletzung des § 252 StPO iVm § 52 StPO.

Lösung (nach BGH NStZ 1994, 593 ff.):[30] Das Verlesungsverbot des § 252 StPO ist in ständiger   69
Rechtsprechung über dessen Wortlaut hinaus dahin ausgedehnt worden, dass es dem Gericht
auch verwehrt ist, die früheren Aussagen durch Anhörung der Vernehmungsbeamten in die
Hauptverhandlung einzuführen und dann zu verwerten.[31] Voraussetzung für ein auf § 252 StPO
gestütztes Beweiserhebungs- und -verwertungsverbot ist aber stets, dass es sich um Angaben
des Zeugen handelt, die er im Rahmen einer *Vernehmung* gemacht hat. Äußerungen des Zeugen
außerhalb einer Vernehmung werden von § 252 StPO nicht erfasst.[32] Um solche Äußerungen
handelte es sich bei dem, was die Zeugin K den V-Leuten gegenüber gesagt hat. Zum Begriff der
Vernehmung gehört nämlich, dass der Vernehmende dem Zeugen in amtlicher Funktion gegenübertritt und in dieser Eigenschaft von ihm Auskunft verlangt. Das ist bei V-Leuten nicht der
Fall, sie sind vielmehr Zeugen und unterliegen den Regeln der StPO für diesen Personenkreis.
§ 252 StPO ist auch nicht entsprechend anwendbar. Entscheidend gegen die Annahme eines
Verwertungsverbotes nach § 252 StPO spricht der damit im Zusammenhang stehende Zweck
des § 52 StPO. Das hier eingeräumte Zeugnisverweigerungsrecht soll den Angehörigen vor
Konflikten schützen, die sich ergeben können aus der Besonderheit einer Vernehmungssituation,
insbesondere durch die Wahrheitspflicht bei einer Zeugenvernehmung einerseits und die sozia-
len Pflichten, die aus seiner familiären Bindung gegenüber dem Angeklagten andererseits
erwachsen. Dieser Widerstreit der Pflichten, auf den das Gesetz in den §§ 52, 252 StPO
Rücksicht nimmt, besteht nicht, soweit sich jemand außerhalb einer Vernehmung anderen
gegenüber aus freien Stücken äußert. Somit bleibt der Schutzzweck des Zeugnisverweigerungs-
rechts begrenzt; was der Angehörige in Gesprächen mit Nachbarn, wahren oder falschen
Freunden äußert, bleibt verwertbar. Es verstößt auch nicht gegen allgemeine Grundsätze eines
rechtsstaatlichen Verfahrens, die Äußerungen der Zeugin K gegenüber den V-Leuten bei der
Aufklärung des Mordes im Rahmen der Beweiswürdigung zu verwerten. Zulässig ist der Einsatz
von privaten Kontaktpersonen oder V-Leuten mit dem Ziel, zur Aufklärung eines Mordes
Beweise zu gewinnen. Auch der Gesetzgeber hat durch die Neuregelung des Einsatzes von
verdeckt ermittelnden Polizeibeamten zum Ausdruck gebracht, dass er die Tarnung, die mit
verdeckten Ermittlungen notwendig verbunden ist, im Interesse der Aufklärung schwerer Straftaten für gerechtfertigt hält, §§ 110a, 110b StPO. Das getarnte Vorgehen ist also, auch wenn es
auf Initiative der Strafverfolgungsbehörden beruht, kein Umstand, der für sich die Unzulässigkeit
eines solchen Vorgehens begründet. Im vorliegenden Fall besteht auch keine Notwendigkeit für
ein Beweisverwertungsverbot, das auf außerhalb der Regeln der StPO liegende allgemeine
Prinzipien zu stützen wäre. Der Anspruch des Beschuldigten auf eine an rechtsstaatlichen Garan-

---

30 Vgl. hierzu Besprechung dieser Entscheidung von *Helmhagen* JA 1995, 183 sowie *Gold* JA 1995, 411.
31 BGHSt 2, 99 = NJW 1952, 356; BGHSt 21, 218 = NJW 1967, 1094.
32 BGHSt 36, 384 = NJW 1990, 1859; BGH NStZ 1992, 247; Meyer-Goßner/Schmitt/*Schmitt* StPO § 252
    Rn. 8.

tien ausgerichtete Strafrechtspflege ist nicht verletzt. Bei der Beurteilung ist zu beachten, dass ein Beweisverwertungsverbot einen der wesentlichen Grundsätze im Strafverfahren einschränkt, nämlich den, dass das Gericht die Wahrheit zu erforschen und dazu die Beweisaufnahme von Amts wegen auf alle Tatsachen und Beweismittel, die von Bedeutung sind, zu erstrecken hat. Allgemeine Rechts- oder Verfassungsgrundsätze verbieten hier die Verwertung nicht. Auch bedarf es in diesem Fall nicht der Ableitung eines konkreten Beweisverwertungsverbotes aus dem Begriff des »fairen Verfahrens« als einer Ausgestaltung des Rechtsstaatsprinzips. Die Zulässigkeit des Beweises ergibt sich aus der Berechtigung des Einsatzes von V-Leuten in Verbindung mit dem Zweck der §§ 52, 252 StPO.

Grundsätzlich ist auch im Rahmen des § 252 StPO die Vernehmung von Verhörspersonen ausgeschlossen. Beamte der Polizei und der Staatsanwaltschaft dürfen also über den Inhalt der Aussage nicht vernommen werden. Eine Ausnahme von dem Verwertungsverbot gilt für den Fall, dass der Zeuge von einem **Richter** vernommen worden ist, der ihn ordnungsgemäß über sein Zeugnisverweigerungsrecht belehrt hatte. Ein über die Belehrung über das Zeugnisverweigerungsrecht hinausgehender Hinweis darauf, dass die Aussage verwertbar bleibt, wenn der Zeuge später das Zeugnis verweigert, wird jedoch nicht vorausgesetzt.[33]

70 ● Aus der Verletzung des § 136 I 2 StPO folgt zur Sicherung eines fairen Verfahrens ein Beweisverwertungsverbot:[34] Ist der Vernehmung des Beschuldigten durch einen Beamten des Polizeidienstes nicht der Hinweis vorausgegangen, dass es dem Beschuldigten freistehe, sich zu der Beschuldigung zu äußern oder nicht zur Sache auszusagen (§ 136 I 2 StPO iVm § 163a IV 2 StPO), so dürfen Äußerungen, die der Beschuldigte in dieser Vernehmung gemacht hat, grundsätzlich nicht verwertet werden. Das Unterlassen des Hinweises nach § 136 I 2 StPO kann durch erneute Vernehmung geheilt werden. Dabei verlangt der BGH[35] eine »qualifizierte Belehrung« bei Beginn der nachfolgenden Beschuldigtenvernehmung, indem auch auf die Nichtverwertbarkeit der früheren Angaben hinzuweisen ist. Unterbleibt die »qualifizierte« Belehrung, sind trotz rechtzeitigen Widerspruchs in der Hauptverhandlung die nach der Belehrung als Beschuldigter gemachten Angaben nach Maßgabe im Einzelfall verwertbar.

71 **Im Einzelnen gilt:**

(1) Wer bei Beginn der Vernehmung auch ohne Belehrung wusste, dass er nicht auszusagen braucht, ist allerdings nicht im gleichen Maße schutzbedürftig wie derjenige, der sein Schweigerecht nicht kannte. Er muss zwar nach §§ 136 I 2, 163a IV 2 StPO belehrt werden. Jedoch gilt hier das Verwertungsverbot ausnahmsweise nicht.

(2) Der hohe Rang der Selbstbelastungsfreiheit gebietet es, dass auch Spontanäußerungen – zumal zum Randgeschehen – nicht zum Anlass für sachaufklärende Nachfragen genommen werden, wenn der Beschuldigte nach Belehrung über seine Rechte nach § 136 I 2 StPO die Konsultation durch einen benannten Verteidiger begehrt und erklärt, von seinem Schweigerecht Gebrauch zu machen.[36]

(3) Hat ein Verteidiger des Angeklagten in der Hauptverhandlung mitgewirkt und hat der verteidigte Angeklagte ausdrücklich der Verwertung des Inhalts einer ohne Belehrung (§ 136 I 2 StPO) zustande gekommenen Aussage zugestimmt, so besteht auch kein Verwertungsverbot. Dasselbe gilt, wenn der verteidigte Angeklagte einer solchen Verwertung nicht widersprochen hat. Der Widerspruch kann nur bis zu dem in § 257 StPO genannten Zeitpunkt erklärt werden. Er muss also spätestens in der Erklärung enthalten sein, die der Angeklagte oder sein Verteidiger im Anschluss an diejenige Beweiserhebung abgibt, die sich auf den Inhalt der ohne Belehrung gemachten Aussage bezieht.

---

33 Meyer-Goßner/Schmitt/*Schmitt* StPO § 252 Rn. 14a; BGH NJW 2017, 94 ff.
34 BGH NStZ 1992, 294; vertiefend hierzu *Lesch* JA 1995, 157 (160 ff.); Meyer-Goßner/Schmitt/*Schmitt* StPO § 136 Rn. 20a.
35 BGH NJW 2009, 1427 ff. = JA 2009, 471 f.; OLG Hamm BeckRS 2009, 14282 = StV 2010, 5 ff.
36 BGH NJW 2013, 2769.

(4) Hatte der Angeklagte in der Hauptverhandlung vor dem Tatrichter keinen Verteidiger, so gilt die genannte Einschränkung nur dann, wenn der Angeklagte vom Vorsitzenden darüber belehrt wurde, dass er der Verwertung seiner bei der Polizei gemachten Aussage widersprechen kann. Andernfalls gilt das Verwertungsverbot.

- Hat eine Privatperson auf Veranlassung der Ermittlungsbehörden mit dem Tatverdächtigen ohne Aufdeckung der Ermittlungsabsicht ein auf die Erlangung von Angaben zum Untersuchungsgegenstand gerichtetes Gespräch geführt, ist umstritten, ob der Inhalt des Gesprächs im Zeugenbeweis jedenfalls dann verwertet werden darf, wenn es um die Aufklärung einer Straftat von erheblicher Bedeutung geht und die Erforschung des Sachverhalts unter Einsatz anderer Ermittlungsmethoden erheblich weniger Erfolg versprechend oder wesentlich erschwert gewesen wäre. **72**

Fall: Im Zuge der Ermittlungen wegen eines Raubüberfalls wurde der Angeklagte A aufgrund von Angaben des Zeugen E verdächtigt. E hatte bei der Polizei ausgesagt, dass A ihm gegenüber in einem Ferngespräch seine Täterschaft eingeräumt habe. Daraufhin veranlasste die Polizei ein weiteres Telefonat zwischen E und A. F war zu diesem Telefonat als Dolmetscher von der Polizei hinzugezogen worden, um das Gespräch an einem Zweithörer mitzuhören. In dem Telefonat machte A Angaben zur Tat. Er wurde in erster Instanz wegen schweren Raubes zu einer Freiheitsstrafe von 6 Jahren verurteilt, wobei die Strafkammer ihre Überzeugung von seiner Täterschaft im Wesentlichen auf die Angaben des F über den Inhalt des mit E geführten Telefongesprächs stützte. **73**

Lösung: (nach BGH NStZ 1996, 502 ff., Besprechung in JA 1997, 15 ff.; BVerfG NJW 2000, 3556 [3557]; 2002, 3619 ff.): Veranlassen die Ermittlungsbehörden eine Privatperson, mit einem Tatverdächtigen ohne Aufdeckung der Ermittlungsabsicht ein auf die Erlangung von Angaben zum Untersuchungsgegenstand gerichtetes Gespräch zu führen, so liegt darin kein Verstoß gegen die Vorschriften der StPO, der ein Beweisverwertungsverbot zur Folge haben könnte. **74**
(1) Das Vorgehen verstößt nicht gegen §§ 163a, 136 I StPO.
(a) § 136 StPO ist nicht unmittelbar anwendbar. Die Vorschrift bezieht sich auf Vernehmungen. Zum Begriff der Vernehmung iSd StPO gehört, dass der Vernehmende der Auskunftsperson in amtlicher Funktion gegenübertritt und in dieser Eigenschaft von ihr Auskunft verlangt.
(b) §§ 163a, 136 I StPO sind auch nicht entsprechend anzuwenden. Sinn und Zweck dieser Vorschriften ist es nicht, dem Tatverdächtigen zu Bewusstsein zu bringen, dass er von einer Amtsperson oder einer mit den Ermittlungsbehörden zusammenarbeitenden Privatperson befragt wird. Durch die Belehrung soll vielmehr gegenüber dem Beschuldigten eindeutig klargestellt werden, dass es ihm freisteht, nicht auszusagen, obwohl ihn ein Richter, StA oder Polizeibeamter in amtlicher Eigenschaft befragt. Das Belehrungsgebot will sicherstellen, dass der Beschuldigte vor der irrtümlichen Annahme einer Aussagepflicht bewahrt wird, zu der er möglicherweise eben durch die Konfrontation mit dem amtlichen Auskunftsverlangen veranlasst werden könnte. § 136 I StPO ist vor diesem Hintergrund einer kraft staatlicher Autorität vorgenommenen Befragung zu verstehen. Dieser Sinn der Regelung wird nicht verletzt, wenn eine Privatperson, sei es auch auf Veranlassung der Ermittlungsbehörden, den Tatverdächtigen in ein Gespräch zu ziehen und von ihm Äußerungen zu erlangen sucht, durch die er sich ggf. belastet. Es liegt auf der Hand, dass sich der Beschuldigte in dieser Situation nicht durch die Autorität des Befragenden zu einer Äußerung veranlasst sehen kann. Er weiß, dass er sich nicht zu äußern braucht. Zum Ausgleich der Autorität, mit der die amtliche Befragung durchgeführt wird, bedarf es in dieser Situation keines Gegengewichts, wie es die StPO im Interesse einer effektiven Gewährleistung der Schweigebefugnis mit dem Belehrungsgebot schaffen will.
(2) Es liegt auch kein Verstoß gegen die Regelung der §§ 163a III, 136a I StPO vor. Eine solche Maßnahme stellt keine verbotene Täuschung im Sinne der Vorschrift dar. Der Begriff der Täuschung ist nach allgemeiner Ansicht zu weit gefasst und muss einschränkend ausgelegt werden. Dabei ist der Bezug zur Freiheit der Willensentschließung und Willensbetätigung sowie zu den anderen in der Vorschrift aufgeführten verbotenen Mitteln zu berücksichtigen. Mit der Beeinträchtigung der Willensentschließung und -betätigung durch Misshandlung, durch Ermüdung, durch körperlichen Eingriff, durch Verabreichung von Mitteln oder durch Quälerei lässt sich eine Befragung nicht gleichstellen.

(3) Ein Verbot jedes auf die Erlangung von Angaben zum Untersuchungsgegenstand gerichteten Gesprächs zwischen dem Tatverdächtigen und einem von Ermittlungsorganen dazu veranlassten Helfer ergibt sich auch nicht daraus, dass das Bild der Vernehmung des Beschuldigten nach der StPO das eines offenen, den amtlichen Charakter der Befragung und des Ermittlungsinteresses offenbarenden Vorgangs ist. Ausgangspunkt für die rechtliche Beurteilung der hier in Frage stehenden Ermittlungsmaßnahmen, die keine Vernehmungen darstellen, sind die §§ 161, 163 StPO. Einer besonderen gesetzlichen Eingriffsermächtigung bedarf es nur für solche Ermittlungsmaßnahmen und Beweiserhebungen, die in geschützte Rechte anderer eingreifen. Im Übrigen sind die Polizeibehörden in der Wahl ihrer Ermittlungsmethoden grundsätzlich frei. Das schließt auch die Möglichkeit eines verdeckten Vorgehens gegenüber dem Tatverdächtigen ein. Die Heimlichkeit eines polizeilichen Vorgehens ist kein Umstand, der nach der StPO für sich allein schon die Unzulässigkeit der ergriffenen Maßnahmen begründet. Ein »Grundsatz der Offenheit staatlichen Handelns« lässt sich den das Ermittlungsverfahren regelnden Vorschriften des Gesetzes nicht entnehmen.

(4) Die Ermittlungsmaßnahme verstößt auch nicht gegen den Grundsatz, dass niemand gezwungen werden darf, sich selbst zu belasten. Der Tatverdächtige, der in einem Gespräch mit einem von den Ermittlungsbehörden eingeschalteten Helfer zu Fragen des Untersuchungsgegenstandes Stellung nimmt, äußert sich nicht aufgrund eines tatsächlichen oder eines vorgetäuschten Zwanges. Er fühlt sich auch nicht zu einer Äußerung verpflichtet. Über die Freiwilligkeit seines Tuns kann er nicht im Zweifel sein.

(5) Das Fernmeldegeheimnis ist nicht verletzt. Der Schutzbereich des Art. 10 I GG wird durch den Herrschaftsbereich des Betreibers des Fernmeldenetzes umgrenzt. Erfasst sind Nachrichten während des technischen Übermittlungsvorgangs; der Grundrechtsschutz endet am Endgerät des Fernmeldeteilnehmers. Das Mithören eines Gesprächs über einen Zweithörer beruht hingegen nicht auf einen Eingriff in den vom Netzbetreiber zu Gewähr leistenden und zu verantwortenden Übermittlungsvorgang. Vielmehr hat die Gelegenheit hierzu der Fernsprechteilnehmer durch eigene Entschließung geschaffen, indem er an sein Endgerät eine Mithörvorrichtung angeschlossen hat.

(6) Schließlich lässt sich auch ein rechtswidriger Eingriff in das Recht auf informationelle Selbstbestimmung nicht feststellen, da unter den heutigen Verhältnissen grundsätzlich jedermann damit rechnen muss, dass sein Telefongespräch mittels eines Zeithörers oder auf andere Weise Dritten unmittelbar zugänglich ist. Das Mithören am Zweithörer bedeutet deshalb kein Eindringen in den geschützten Bereich des Privaten.

(7) Allerdings sind dem Einsatz von Privatpersonen zur Aufklärung von Straftaten rechtsstaatliche Grenzen gesetzt, die etwa dann überschritten sein können, wenn gezielt ein Liebesverhältnis angebahnt wurde, das zur Gewinnung von Informationen ausgenutzt werden soll, oder der Beschuldigte auf Veranlassung der Polizei durch eine Privatperson befragt wurde, obwohl er zuvor in einer Vernehmung ausdrücklich erklärt hatte, keine Angaben zur Sache machen zu wollen. Darüber hinaus unterliegt die Verwendung von Privatpersonen, welche ihren Auftrag verbergen, einer allgemeinen Grenze. Vorbehalte gegen heimliches Vorgehen von staatlichen Ermittlungsorganen oder von dazu veranlassten Privatpersonen können erhoben werden, wenn es darauf gerichtet ist, Äußerungen des Beschuldigten zu erlangen, die ihn belasten (vgl. hierzu EGMR BeckRS 2003, 05512 = StV 2003, 257; StV 2004, 1, auch Meyer-Goßner/Schmitt/*Schmitt* StPO § 136a Rn. 4a).

75 Ein in einem Krankenzimmer mittels akustischer Wohnraumüberwachung aufgezeichnetes Selbstgespräch eines Angeklagten ist zu dessen Lasten zu Beweiszwecken unverwertbar, soweit es dem durch Art. 13 I GG iVm Art. 1 I und 2 I GG geschützten Kernbereich zuzurechnen ist. Erkenntnisse über solche Äußerungen unterliegen einem absoluten Verwertungsverbot und dürfen auch im Hauptsacheverfahren nicht verwertet werden. Selbst überwiegende Interessen der Allgemeinheit – zB die Aufklärung eines Mordes – können einen Eingriff in diesen absolut geschützten Kernbereich privater Lebensgestaltung nicht rechtfertigen.[37] Diese Rechtsprechung hat der BGH neuerdings wieder bestätigt. Er hat nämlich entschieden, dass das nichtöffentlich geführte Selbstgespräch einem selbstständigen

---

37 BVerfG NStZ 2004, 270; BGH NJW 2005, 3295.

Beweisverwertungsverbot von Verfassungs wegen unterliegt. Ein in einem Kraftfahrzeug mittels akustischer Überwachung aufgezeichnetes Selbstgespräch eines sich unbeobachtet fühlenden Beschuldigten ist im Strafverfahren – auch gegen Mitbeschuldigte – unverwertbar, da es dem durch Art. 2 I GG iVm Art. 1 GG absolut geschützten Kernbereich der Persönlichkeit zuzurechnen ist.[38]

- Die StPO trifft keine abschließende Regelung über die Beweisverwertungsverbote. Solche **76** können auch in anderen Gesetzen (zB § 51 I BZRG) oder unmittelbar aus der Verfassung abgeleitet werden, insbesondere aus dem Rechtsstaatsprinzip. So verletzt die Benutzung intimer Tagebuchaufzeichnungen die Grundrechte der Art. 1 und 2 GG. Das BVerfG unterscheidet zwischen einem unantastbaren Kernbereich dieser Grundrechte, der staatlichen Eingriffen unter allen Umständen verschlossen ist, in dem eine Abwägung nach Maßgabe des Verhältnismäßigkeitsgrundsatzes auch nicht stattfindet, und einem Bereich, in dem überwiegende Belange Eingriffe rechtfertigen.[39] Die Verfassung gebietet es aber nicht, Tagebücher oder ähnliche private Aufzeichnungen schlechthin von der Verwertung im Strafverfahren auszunehmen. Allein die Aufnahme in ein Tagebuch entzieht Informationen noch nicht dem staatlichen Zugriff. Vielmehr hängt die Verwertbarkeit von Charakter und Bedeutung des Inhalts ab. Daraus folgt, dass im Rahmen der Strafverfolgung nicht von vornherein ein verfassungsrechtliches Hindernis besteht, solche Schriftstücke daraufhin durchzusehen, ob sie der prozessualen Verwertung zugängliche Informationen enthalten. Gehören private Aufzeichnungen nicht zum absolut geschützten Kernbereich, so bedarf ihre Verwertung im Strafverfahren der Rechtfertigung durch ein überwiegendes Interesse der Allgemeinheit. Das BVerfG hat wiederholt die unabweisbaren Bedürfnisse einer wirksamen Strafverfolgung und Verbrechensbekämpfung hervorgehoben, das öffentliche Interesse an einer möglichst vollständigen Wahrheitsermittlung im Strafverfahren betont und die wirksame Aufklärung gerade schwerer Straftaten als einen wesentlichen Auftrag eines rechtsstaatlichen Gemeinwesens bezeichnet. Andererseits kommt dem Grundrecht auf freie Entfaltung der Persönlichkeit keine geringere Bedeutung zu. Ein gerechter Ausgleich dieser Spannungen lässt sich nur dadurch erreichen, dass den unter dem Blickpunkt der Erfordernisse einer wirksamen Rechtspflege erforderlich erscheinenden Eingriffen das Schutzgebot der Art. 1 und 2 GG ständig als Korrektiv entgegengehalten wird. Das bedeutet, dass jeweils zu ermitteln ist, welchem dieser beiden verfassungsrechtlich bedeutsamen Prinzipien das größere Gewicht zukommt.[40] In einem vom BGH entschiedenen Fall dienten die bei dem Angeklagten sichergestellten Unterlagen der Aufklärung eines Mordes, also einer der schwersten Straftaten, die das StGB kennt.[41] Die Verwertung dieser Tagebuchaufzeichnungen hielt der BGH aufgrund einer Abwägung zwischen den Persönlichkeitsrechten einerseits und den Belangen der Strafrechtspflege andererseits für zulässig. Das BVerfG beanstandete diese Auffassung von Verfassungs wegen nicht.[42] In Fällen tatprovozierenden Lockspitzelverhaltens erfolgt die Feststellung einer Verletzung des Grundsatzes des fairen Verfahrens im Rahmen einer Gesamtabwägung, wobei auch das öffentliche Interesse an Strafverfolgung und die Erfordernisse einer funktionstüchtigen Strafrechtspflege als Faktoren zu berücksichtigen sind. Eine rechtsstaatswidrige Tatprovokation zieht nach der Rechtsprechung des BGH und des BVerfG nur in Extremfällen ein Verfahrenshindernis nach sich; im Regelfall führt dies nur zu einem gewichtigen Strafmilderungsgrund. Diese Auslegung steht allerdings in ersichtlichem Widerspruch zur Rechtsprechung des EGMR, wonach die Verwendung von Beweismitteln, die als Ergebnis polizeilicher Provokation gewonnen wurden, nach Art. 6 I EMRK nicht gestattet ist. Nunmehr hat sich jedoch der 2. Strafsenat des BGH der Rechtsprechung des EGMR angeschlossen und ein Verfahrenshindernis wegen rechtsstaatswidriger Tatprovokation anerkannt.[43]

---

38 BGH NJW 2012, 945 ff.; vgl. hierzu Besprechung dieser Entscheidung von *v. Heintschel-Heinegg* JA 2012, 395 f.
39 BVerfG NJW 1990, 563.
40 BVerfGE 80, 367 = NJW 1990, 563; Meyer-Goßner/Schmitt/*Schmitt* StPO Einl. Rn. 56a.
41 BGH NJW 1988, 1037.
42 BVerfG NStZ 1990, 89.
43 BGH NStZ 2014, 277 = StV 2014, 321; BVerfG JuS 2015, 659 ff.; EGMR BeckRS 2015, 16510 = StV 2015, 405; Meyer-Goßner/Schmitt/*Schmitt* StPO Einl. § 148a; BGH NJW 2016, 91 ff.

77 Auch bei der Frage eines Beweisverwertungsverbots wegen Mängel der Durchsuchungsanordnung (§ 102 StPO) ist eine Abwägung des Strafverfolgungsinteresses mit dem betroffenen Individualinteresse erforderlich. Der Rechtsstaat kann sich nur verwirklichen, wenn ausreichende Vorkehrungen dafür getroffen sind, dass Straftäter im Rahmen der geltenden Gesetze verfolgt, abgeurteilt und einer gerechten Bestrafung zugeführt werden. Daran gemessen bedeutet ein Beweisverwertungsverbot eine Ausnahme, die nur nach ausdrücklich gesetzlicher Vorschrift oder aus übergeordneten wichtigen Gründen im Einzelfall anzuerkennen ist. Die StPO stellt kein grundsätzliches Beschlagnahmeverbot für Fälle fehlerhafter Durchsuchungen auf, die zur Sicherstellung von Beweisgegenständen führen. Ein Beweisverwertungsverbot ist grundsätzlich nur dann Folge einer fehlerhaften Durchsuchung, wenn die zur Fehlerhaftigkeit der Ermittlungsmaßnahme führenden Verfahrensverstöße schwerwiegend waren oder bewusst oder willkürlich begangen wurden.[44]

E. Formelle Abschlussverfügung

78 Nach Erstellung des materiell-rechtlichen Gutachtens muss der Staatsanwalt das Ermittlungsverfahren förmlich abschließen; denn jetzt weiß er, ob und wie sich im Einzelnen der Beschuldigte[45] strafbar gemacht hat. Die Staatsanwaltschaft ist zwar in der Gestaltung des Ermittlungsverfahrens frei, nicht aber in der Form der Abschlussverfügung. StPO und RiStBV regeln, wann und wie ein Ermittlungsverfahren vorläufig oder endgültig abzuschließen ist.

79 Es gibt drei Arten von Abschlussverfügungen, die in der Klausur und Praxis häufig kombiniert angewendet werden müssen:
1. Anrufung des Gerichts, wenn nach dem Ergebnis der Ermittlungen hinreichender Tatverdacht besteht, § 170 I StPO.
2. Nichtanrufung des Gerichts, wenn nach dem Ergebnis der Ermittlungen zwar hinreichender Tatverdacht zur Anrufung des Gerichts besteht, das Gesetz aber eine Ausnahme vom Verfolgungszwang macht, §§ 153 ff. StPO.
3. Nichtanrufung des Gerichts, wenn nach dem Ergebnis der Ermittlungen kein hinreichender Tatverdacht vorliegt oder sich sogar die Unschuld des Beschuldigten herausgestellt hat, § 170 II 1 StPO.

80 **Übersicht zu den Arten der Abschlussverfügung**

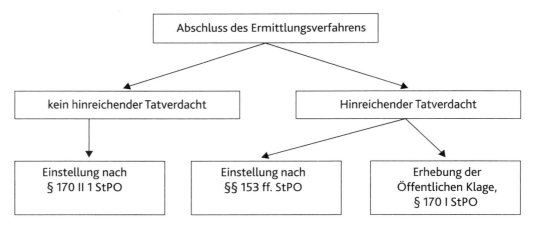

---

44 BVerfG NJW 2009, 3225 f.

45 **Hinweis:** Zur Terminologie vgl. § 157 StPO: Der Tatverdächtige heißt im Ermittlungsverfahren »Beschuldigter«, mit der Erhebung der öffentlichen Klage (schon in der Anklageschrift!) wird der Beschuldigte zum »Angeschuldigten« und mit der Eröffnung des Hauptverfahrens zum »Angeklagten«.

2. Kapitel. Die Erhebung der öffentlichen Klage

A. Grundfall

In der Praxis wird vielfach ein Ermittlungsverfahren gegen *einen* Beschuldigten wegen *einer* 81 prozessualen Tat geführt.

> **Beispiel:** A hat am 1.6. eine fahrlässige Gefährdung des Straßenverkehrs sowie ein unerlaubtes Entfernen vom Unfallort in Tateinheit mit einer vorsätzlichen Trunkenheit im Verkehr begangen. Die formelle Abschlussverfügung bereitet bei dieser einfachen Konstellation keine Schwierigkeiten; deshalb ist dieser »Normalfall« in der Klausur meist nicht zu finden. Dort sind nahezu immer mehrere prozessuale Taten *eines* Beschuldigten oder sogar *mehrerer* Beschuldigter Gegenstand der Bearbeitung.

B. Ein Beschuldigter – mehrere prozessuale Taten

Hat ein Beschuldigter mehrere prozessuale Straftaten iSd § 264 StPO begangen (zB einen 82 Raub am 1.2. und eine Unterschlagung am 27.2.), wird wegen der verschiedenen Taten regelmäßig (in einer Akte) *ein* Ermittlungsverfahren gegen ihn geführt; das ist auch überwiegend die in der Klausur vorzufindende Situation.

Sollten aber *mehrere* Verfahren (in *mehreren* Akten) gegen den Beschuldigten vorliegen, 83 können einmal diese je für sich getrennt behandelt werden (zB in einem Verfahren: Anklage, in einem anderen: Einstellung). Zusammenhängende Strafsachen, die einzeln zur Zuständigkeit von Gerichten verschiedener Ordnung gehören würden, können auch nach § 2 I 1 StPO verbunden bei dem Gericht anhängig gemacht werden, dem die höhere Zuständigkeit beiwohnt. Ein Zusammenhang ist nach § 3 StPO vorhanden, wenn eine Person mehrerer Straftaten beschuldigt wird. Nach Nr. 17 II RiStBV hat der Staatsanwalt dafür zu sorgen, dass die verschiedenen Verfahren verbunden und gem. Nr. 114 S. 1 RiStBV in *einer* Anklage zusammengefasst werden. Hiervon kann nach Nr. 114 S. 2 RiStBV nur abgesehen werden, wenn die Erhebung der öffentlichen Klage wegen einer Tat durch die Aufklärung der anderen Tat erheblich verzögert würde und wenn gewichtige Interessen der Allgemeinheit oder des Beschuldigten nicht entgegenstehen.

Sollen zwei oder mehrere getrennte Verfahren verbunden werden, ist zu verfügen: 84

> **Verfügung:**
> 1. Die Verfahren 106 Js 57/21, 106 Js 197/21 und 106 Js 301/21 werden verbunden, das Verfahren 106 Js 57/21 führt.[1]
> 2. ...

C. Mehrere Beschuldigte – mehrere prozessuale Taten

I. Auch wenn verschiedenen Beschuldigten *eine* oder *mehrere* verfahrensrechtlich selbst- 85 ständige und iSd §§ 2 I, 3 StPO zusammenhängende Straftaten vorgeworfen werden, wird in der Regel *ein* Ermittlungsverfahren (in einer Akte) gegen alle geführt. Das ist die in der Klausur häufig anzutreffende Situation.

II. Sollte aber gegen jeden Beschuldigten gesondert ermittelt worden sein, sind die einzelnen 86 Verfahren unter den Voraussetzungen der §§ 2 I und 3 StPO zu verbinden.

---

1 Das nunmehr einheitliche Verfahren hat nur noch ein Aktenzeichen, nämlich 106 Js 57/21.

Verfügung:

1. Die Verfahren 106 Js 57/21 und 197/21 gegen die Beschuldigten A und B werden zum Zweck gemeinsamer Anklage verbunden; das Verfahren 106 Js 57/21 führt.

2. ...

87 III. Bei Erhebung der Anklage ist vornehmlich in der Praxis – nicht in der Klausur – zu prüfen, ob bei einem einheitlich geführten Ermittlungsverfahren eine Trennung in mehrere Verfahren zu erfolgen hat. Dabei ist Folgendes zu beachten:

1. Täter und Opfer einer Straftat sollten nie in *einem* Hauptverfahren verfolgt werden, wenn auch das Opfer straffällig geworden ist.

2. Eine Abtrennung eines Verfahrens gegen einen geständigen Täter von demjenigen gegen einen leugnenden oder schweigenden ist nur vordergründig sinnvoll. Zwar steht der Geständige dann als Zeuge zur Verfügung, er zieht sich aber meist auf sein Auskunftsverweigerungsrecht nach § 55 StPO zurück. Bei gemeinsamer Hauptverhandlung kann die Tat durch das Geständnis des Mitangeklagten ebenso bewiesen werden.[2]

88 Soll ein Verfahren in mehrere aufgeteilt werden, so ist zu verfügen:

1. Die Verfahren gegen die Beschuldigten B und C werden vom Verfahren gegen den Beschuldigten A abgetrennt.
2. Akten ablichten und neue – getrennte – Verfahrensakten für die Beschuldigten B und C anlegen.
3. WV nach Erledigung von Ziffer 2.

D. Sachliche Zuständigkeit des Gerichts

89 Vor Abfassung der Abschlussverfügung ist abzuklären, welches Gericht sachlich zuständig ist, weil dadurch der Aufbau der Anklage bestimmt wird:

90 I. Bei Anklagen zum Strafrichter *kann* vom wesentlichen Ergebnis der Ermittlungen abgesehen werden, § 200 II 2 StPO. Allerdings soll nach Nr. 112 I RiStBV auch in diesem Fall das wesentliche Ergebnis der Ermittlungen in die Anklageschrift aufgenommen werden, wenn die Sach- oder Rechtslage Schwierigkeiten bietet.

91 II. Bei Anklagen zur Großen Strafkammer des Landgerichts wegen der besonderen Schutzbedürftigkeit von Verletzten der Straftat, die als Zeugen in Betracht kommen, des besonderen Umfangs oder der besonderen Bedeutung des Falles nach § 24 I Nr. 3 GVG sind anschließend an das wesentliche Ergebnis der Ermittlungen etwaige Feststellungen über die genannten Kriterien zu treffen, Nr. 113 II 1 RiStBV. Gleiches gilt, wenn der Staatsanwalt Anklage zur Wirtschaftsstrafkammer nach § 74c I Nr. 6 GVG erhebt, weil zur Beurteilung des Falles besondere Kenntnisse des Wirtschaftslebens erforderlich sind, Nr. 113 II 2 RiStBV.

---

2 Meyer-Goßner/Schmitt/*Schmitt* StPO Vor § 48 Rn. 22.

Für die **sachliche Zuständigkeit** gilt Folgendes: **92**

Nach § 24 GVG ist grundsätzlich das Amtsgericht zuständig, wenn nicht einer der
Ausnahmefälle des § 24 I Nr. 1–3 GVG und § 24 II GVG gegeben ist.

1. Ausnahme: Das Amtsgericht ist nicht zuständig, wenn die Zuständigkeit
                – des Schwurgerichts nach § 74 II GVG,
                – der Staatsschutzkammer nach § 74a GVG oder
                – des OLG nach §§ 120 oder 120b GVG
                begründet ist, § 24 I Nr. 1 GVG

2. Ausnahme: Nicht das Amtsgericht, sondern die Große Strafkammer des
                Landgerichts ist zuständig, wenn im Einzelfall
                – eine höhere Strafe als vier Jahre Freiheitsstrafe oder
                – die Unterbringung des Beschuldigten in einem psychiatrischen
                  Krankenhaus, allein oder neben einer Strafe, oder in der
                  Sicherungsverwahrung
                zu erwarten ist, § 24 I Nr. 2 GVG

3. Ausnahme: Das Amtsgericht ist nicht zuständig, wenn die Staatsanwaltschaft
                wegen der besonderen Schutzbedürftigkeit von Verletzten der
                Straftat, die als Zeugen in Betracht kommen, des besonderen
                Umfangs oder der besonderen Bedeutung des Falles Anklage
                beim Landgericht erhebt, § 24 I Nr. 3 GVG

93 Die in Strafsachen tätigen Gerichte einschließlich Besetzung und Instanzenzug zeigt folgende Tabelle:

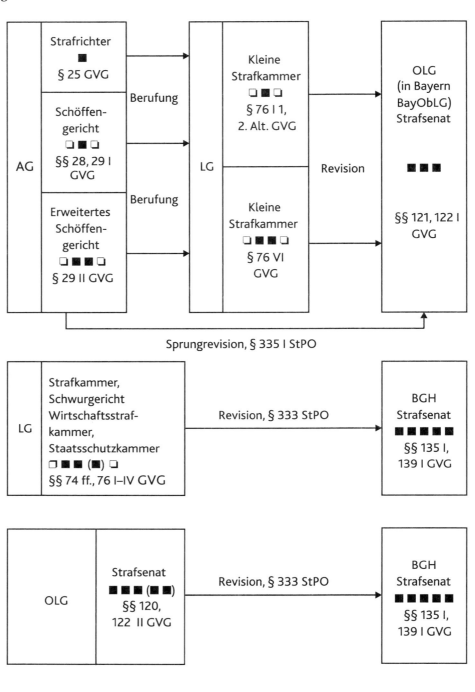

■ = Berufsrichter   ❑ = Schöffen

E. Örtliche Zuständigkeit des Gerichts

Die örtliche Zuständigkeit des Gerichts ist in §§ 7 ff. StPO geregelt und wurde bereits unter → Rn. 20 ff. dargestellt. **94**

Fall: Die Staatsanwaltschaft Aschaffenburg erhob Anklage gegen B, L, K und W. B, L und K wurde zur Last gelegt, gemeinsam *im Bezirk des LG Aschaffenburg* an einen verdeckt auftretenden Ermittlungsbeamten des LKA 9,6 kg Haschisch verkauft zu haben. Das Rauschgift hatte L zuvor von W *im Bezirk des LG Darmstadt* erworben. Ist das LG Aschaffenburg auch für die Tat des W örtlich zuständig? **95**

Lösung (nach BGH NJW 1988, 150): W hatte im Bezirk des LG Aschaffenburg keine Straftaten begangen, § 7 I StPO. Er wohnte auch nicht in diesem Bezirk, § 8 I StPO, und war dort auch nicht ergriffen worden, § 9 StPO. Für ihn ergibt sich jedoch die örtliche Zuständigkeit des LG Aschaffenburg daraus, dass er sich an der im Gerichtsbezirk dieses LG begangenen Tat beteiligt hatte, §§ 3, 13 I StPO. B, L und K hatten nicht nur durch die Veräußerung des Haschisch eine Straftat begangen; strafbar war auch bereits der Erwerb des Betäubungsmittels. Erwerb und Weiterverkauf stellen sich als einheitliche Straftat des Handeltreibens mit Betäubungsmitteln dar; dieses Tatgeschehen ist insgesamt als einheitliche Tat iSd § 264 I StPO zu beurteilen. Dieser prozessuale Tatbegriff bestimmt zugleich den Begriff der Tat in § 3 StPO. Denn Zuständigkeitsregelungen können sinnvollerweise nur die Befugnis zur Verhandlung in § 264 I StPO erfasster Taten betreffen. – An dieser Tat hat sich W dadurch beteiligt, dass er das Haschisch an L veräußerte. Der Begriff der Teilnahme in § 3 StPO ist nicht auf die Teilnahme im Sinne des materiellen Strafrechts beschränkt; es genügt die strafbare, in dieselbe Richtung zielende Mitwirkung an einem einheitlichen Vorgang. Nach allem sind die Voraussetzungen der §§ 3, 13 I StPO gegeben, weil der Verkauf des Haschisch durch W an L sich als Teilakt des letztlich auf Abgabe an den Endverbraucher gerichteten Handeltreibens mit Betäubungsmitteln darstellte. **96**

F. Vermerk über Abschluss der Ermittlungen

Erwägt die Staatsanwaltschaft öffentliche Klage zu erheben, vermerkt sie den Abschluss der Ermittlungen in den Akten, § 169a StPO. Dieser Vermerk lautet: **97**

»Die Ermittlungen sind abgeschlossen.«

Der Vermerk über den Abschluss der Ermittlungen hat vor allem folgende Wirkungen: Dem Verteidiger kann die Einsicht in die Akten oder einzelne Aktenstücke sowie die Besichtigung der amtlich verwahrten Beweisstücke gem. § 147 I StPO nicht mehr versagt werden. **98**

Werden alle in Betracht kommenden Delikte (sämtliche im Gutachten geprüften Tatbestände) angeklagt, lautet die vor der Anklageschrift bzw. dem Strafbefehlsantrag befindliche Verfügung zB: **99**

Verfügung[3]
I. Die Ermittlungen sind abgeschlossen.
II. Anklage (Strafbefehlsantrag) nach gesondertem Entwurf (Diktat).
III. Mit Akten an das LG Aschaffenburg – Große Strafkammer.

20.5.2021
Braun
Staatsanwalt

---

3 Nr. 109 III 1 RiStBV.

3. Kapitel. Anklageschrift

A. Hinreichender Tatverdacht

Die Anklageerhebung setzt nach § 170 I StPO voraus, dass »die Ermittlungen genügenden Anlass zur Erhebung der öffentlichen Klage« bieten. *Genügender Anlass* liegt vor, wenn das mit der Anklage angestrebte nächste verfahrensrechtliche Ziel, also bei Einreichung einer Anklageschrift die Zulassung der Anklage zur Hauptverhandlung und somit Eröffnung des Hauptverfahrens (§§ 199, 203, 207 I StPO), erreicht werden kann. Dafür ist nach § 203 StPO Voraussetzung, dass der Angeschuldigte einer strafbaren Handlung *hinreichend verdächtig* erscheint. Demgemäß setzt auch die Anklageerhebung *hinreichenden Tatverdacht* voraus.[1] *Hinreichender Tatverdacht* liegt vor, wenn nach dem gesamten Akteninhalt bei vorläufiger Tatbewertung die Verurteilung des Beschuldigten mit Wahrscheinlichkeit zu erwarten ist.[2]

100

Diese Prognose des Staatsanwalts, ob er selbst nach Sach- und Rechtslage wahrscheinlich am Ende einer Hauptverhandlung zum Antrag auf Verurteilung gelangen würde, kann in der Praxis oft schwierig sein, erfahrungsgemäß nicht jedoch in den Klausuren. Der Sachverhalt wird in den Klausuren meist zur Gewissheit aufgeklärt sein, zB durch objektive Beweismittel, Zeugenaussagen, Gutachten eines Sachverständigen und/oder ein Geständnis.

100a

B. Ungeklärter Sachverhalt

I. In dubio pro reo

1. Unmittelbare Anwendung

Ist der Sachverhalt nicht zweifelsfrei geklärt (vor allem bei widersprüchlichen Aussagen der Zeugen), stellt sich die Frage, ob der Grundsatz »in dubio pro reo« bei der Prüfung des hinreichenden Tatverdachts *unmittelbar* angewendet werden kann. Der Staatsanwalt muss, wenn er sich gem. § 170 I StPO zur Erhebung der öffentlichen Klage entschließt, nicht von einem Sachverhalt *überzeugt* sein, der sich als eine strafbare Handlung darstellt. Vielmehr genügt es, dass er einen derartigen Sachverhalt in einem solchen Maße für wahrscheinlich hält, dass er mit einer Verurteilung rechnen kann. Eine *unmittelbare* Anwendung des Zweifelsgrundsatzes verträgt sich damit sicher nicht: Hält man eine Verurteilung lediglich für wahrscheinlich, dann sind dieser Annahme natürlich Zweifel immanent, ohne dass es deshalb zu einer Verfahrenseinstellung kommen darf.[3] Tatsächliche Zweifel hindern die Staatsanwaltschaft nicht an der Erhebung der öffentlichen Klage. Sie muss sich bei einem nicht eindeutigen Beweisergebnis zu einer Prognose über den weiteren Verfahrensverlauf durchringen. Die Aufklärung von Widersprüchen darf der Hauptverhandlung überlassen bleiben.[4]

101

2. Mittelbare Geltung

Der Grundsatz »in dubio pro reo« kann aber *mittelbar* insoweit von Bedeutung sein, als er die Prognose der Staatsanwaltschaft über die Wahrscheinlichkeit der Verurteilung beeinflusst.[5] Ist nämlich nicht zu erwarten, dass tatsächliche Zweifel aufgrund der Hauptverhandlung überwunden werden können, so schlägt dies auf die Entscheidung der Staatsanwalt-

102

---

1 KK-StPO/*Moldenhauer* § 170 Rn. 3.
2 Meyer-Goßner/Schmitt/*Schmitt* StPO § 170 Rn. 1 und § 203 Rn. 2.
3 *Weiland* NStZ 1991, 574 (575).
4 KK-StPO/*Moldenhauer* § 170 Rn. 5; BGH NJW 1970, 1543.
5 Meyer-Goßner/Schmitt/*Schmitt* StPO § 170 Rn. 1.

schaft deshalb durch, weil wegen der dann gebotenen Anwendung des Zweifelssatzes durch das erkennende Gericht die Verurteilung prozessual nicht wahrscheinlich ist.[6]

3. Mehrere Sachverhaltsmöglichkeiten

103 Neben dem unproblematischen Fall, dass dem Beschuldigten ein bestimmtes Verhalten nicht sicher nachgewiesen werden kann (zB A kann als Täter nicht zweifelsfrei identifiziert werden; es kann nicht nachgewiesen werden, dass A beim Diebstahl eine Schusswaffe bei sich führte) gibt es aber auch Beweislagen, bei denen die Beteiligung des Beschuldigten zwar feststeht, jedoch das Tatgeschehen nicht vollständig aufzuklären ist, sodass zwei oder auch mehrere Sachverhaltsmöglichkeiten verbleiben.

104 Hat sich bei mehreren Sachverhaltsmöglichkeiten der Beschuldigte wenigstens nach einer nicht strafbar gemacht, scheidet nach dem Grundsatz »in dubio pro reo« eine Anklageerhebung aus, weil damit zweifelhaft ist, ob der Beschuldigte die materiell-rechtlichen Strafbarkeitsvoraussetzungen zur Tatzeit erfüllt hat. In der Klausur muss das Verhalten des Beschuldigten zunächst für jede denkbare Sachverhaltsmöglichkeit getrennt sowie unabhängig voneinander durchgeprüft werden und erst in einem zweiten Schritt ist bei jeder Sachverhaltsmöglichkeit für jeden Tatbestand getrennt die für den Täter günstigste Möglichkeit zugrunde zu legen.

105 **Beispiel:** A schließt den unverschlossenen Pkw seines Arbeitskollegen B kurz und fährt davon. Er gerät in eine Polizeikontrolle, wo sich der Sachverhalt insoweit aufklärt. Im Zuge des Ermittlungsverfahrens kann die Staatsanwaltschaft nicht klären, ob A den Pkw für sich behalten oder nach einer kurzen Fahrt zurückstellen wollte. B stellt keinen Strafantrag. – Die Staatsanwaltschaft wird das Ermittlungsverfahren unter Anwendung des Grundsatzes »in dubio pro reo« gem. § 170 II 1 StPO einstellen, weil eine Verurteilung bei der gegebenen Sachlage nicht erfolgen kann. Je nach dem subjektiven Willen kommt Diebstahl, § 242 I StGB, oder unbefugter Gebrauch eines Fahrzeugs, § 248b StGB, in Frage. Allerdings kann das Delikt nach § 248b StGB wegen des fehlenden Strafantrags, § 248b III StGB, nicht verfolgt werden.[7]

4. Stufenverhältnis

106 Der Grundsatz »in dubio pro reo« kommt auch dann zur Anwendung, wenn die mehreren möglichen Verhaltensweisen zueinander in einem Stufenverhältnis (Mehr oder Weniger) stehen. Eine Verurteilung kann nur nach dem milderen Gesetz erfolgen. Anerkannt ist ein solches Stufenverhältnis zwischen Vollendung und Versuch sowie zwischen qualifiziertem Tatbestand und Grundtatbestand. Umstritten ist dagegen, ob das erforderliche Stufenverhältnis auch dann gegeben ist, wenn sich die Tatbestände durch die verschiedene Intensität des Unrechtsgehalts unterscheiden. Von der Rechtsprechung wird ein derartiges normatives Stufenverhältnis anerkannt zwischen

- Vorsatz und Fahrlässigkeit,
- Täterschaft und Teilnahme sowie
- Anstiftung und Beihilfe.[8]

107 **Beispiel:** A wird bei einem Diebstahl überrascht und flieht. Als er bemerkt, dass er verfolgt wird, zieht er seine Pistole und gibt kurz hintereinander drei Schüsse ab. Der Verfolger wird von einer Kugel tödlich getroffen. Welcher Schuss den Tod herbeiführte, kann nicht geklärt werden. A lässt sich unwiderlegbar dahin ein, dass der erste und dritte Schuss gezielt abgegeben, der zweite Schuss dagegen versehentlich losgegangen sei. Das Landgericht verurteilte den Angeklagten unter Anwendung des Zweifelsgrundsatzes wegen versuchten Mordes (1. und 3. Schuss) in Tatmehrheit mit fahrlässiger Tötung (2. Schuss).

---

6 OLG Karlsruhe NJW 1974, 806 f.; OLG Bamberg NStZ 1991, 252 mit Besprechung *Weiland* NStZ 1991, 574.

7 *v. Heintschel-Heinegg* Prüfungstraining StrafR I Rn. 71.

8 *Fischer* StGB § 1 Rn. 35 ff.; Meyer-Goßner/Schmitt/*Schmitt* StPO § 261 Rn. 36.

– Dies wäre richtig, wenn der Grundsatz »in dubio pro reo« eine Beweisregel wäre. Der Umstand, dass der 2. Schuss tödlich war, wäre für den Angeklagten der günstigste Fall. Der BGH hat mit Recht das Urteil aufgehoben und den Zweifelsgrundsatz erst bei den einzelnen Straftatbeständen angewandt: Beim 1. und 3. Schuss scheidet vollendeter Mord aus, weil möglicherweise der 2. Schuss der tödliche war. Es verbleibt aber eine Strafbarkeit wegen versuchten Mordes. Aber auch eine Verurteilung wegen fahrlässiger Tötung entfällt, weil bei § 222 StGB wiederum zugunsten des Angeklagten zu unterstellen ist, dass möglicherweise der 1. oder der 3. Schuss zum Tode führte. Wenn der 2. Schuss nicht tödlich war, entfällt eine Verurteilung wegen fahrlässiger Tötung. Der Angeklagte kann somit nur wegen versuchten Mordes verurteilt werden.[9]

II. Wahlfeststellung

Mangels Stufenverhältnis kann der Grundsatz »in dubio pro reo« keine Anwendung finden, wenn die in Frage stehenden Sachverhaltsmöglichkeiten *denselben Tatbestand* erfüllen und zugleich ausgeschlossen ist, dass weder der eine noch der andere Sachverhalt vorlag sowie andere Möglichkeiten ausscheiden (sog. *gleichartige = unechte Wahlfeststellung*). Das ist zB der Fall, wenn sich nicht klären lässt, welche der sich widersprechenden uneidlichen Aussagen falsch war. In einem solchen Fall bloßer Tatsachenalternativität hat sich der Beschuldigte wegen einmaliger Verwirklichung des betreffenden Tatbestands strafbar gemacht. Denn sicher ist, dass der Beschuldigte trotz mehrdeutiger Tatsachenfeststellungen einen bestimmten Tatbestand verwirklicht hat; zweifelhaft bleibt eben nur durch welche der in Frage stehenden Verhaltensweisen. | 108

Schwierigkeiten bereiten die Fälle, in denen der Beschuldigte bei jeder der in Frage stehenden Sachverhaltsmöglichkeiten *einen anderen Tatbestand* verwirklicht und zwischen den in Frage stehenden Tatbeständen kein Stufenverhältnis besteht; denn ein Stufenverhältnis würde zur Anwendung des Grundsatzes »in dubio pro reo« führen. Überwiegend wird in diesen Fällen eine alternative Verurteilung auf mehrdeutiger Tatsachengrundlage zugelassen (sog. *ungleichartige = echte Wahlfeststellung*). Die Kriterien, nach denen eine echte Wahlfeststellung zu bestimmen ist, sind umstritten. Überwiegend wird auf die *rechtsethische und psychologische Vergleichbarkeit* der verschiedenen Tatbestände abgestellt. Weil der Formel von der »rechtsethischen und psychologischen Vergleichbarkeit« aber jegliche Konturen fehlen, stellt eine im Vordringen befindliche Meinung im Schrifttum auf die *»Identität des Unrechtskerns«* ab, die vorliegt, wenn sich ein deliktischer Angriff gegen dasselbe Rechtsgut oder ein Rechtsgut derselben Art, derselben Gattung, richtet und der Handlungsunwert der verschiedenen Delikte etwa gleichgewichtig erscheint. Scheidet eine sog. ungleichartige Wahlfeststellung aus, ist nach dem Grundsatz »in dubio pro reo« freizusprechen. | 109

Voraussetzungen für sog. ungleichartige Wahlfeststellung: | 110

1. Trotz Ausschöpfung aller Ermittlungsmöglichkeiten ist eine eindeutige Sachverhaltsfeststellung nicht möglich.
2. Jede der in Frage kommenden Möglichkeiten führt zur Verwirklichung eines Strafgesetzes.
3. Zwischen den verschiedenen Strafgesetzen besteht kein Stufenverhältnis.
4. »Rechtsethische und psychologische Vergleichbarkeit« der verschiedenen Delikte bzw. »Identität des Unrechtskerns«.[10]

Beispiel: Trotz Ausschöpfung aller Ermittlungsmöglichkeiten kann nicht geklärt werden, ob A den Pkw gestohlen oder in Kenntnis des Diebstahls von einem Unbekannten angekauft hat. – A hat sich wegen Diebstahls oder Hehlerei strafbar gemacht.[11]

---

9 BGH NJW 1957, 1643 f.; *v. Heintschel-Heinegg* Prüfungstraining StrafR I Rn. 72.
10 Zum Ganzen *Fischer* StGB § 1 Rn. 38 ff. mwN; *v. Heintschel-Heinegg* Prüfungstraining StrafR I Rn. 73 f.
11 Zur Behandlung der Wahlfeststellung in der Anklageschrift → Rn. 173 f.; zur Wahlfeststellung zwischen Wohnungseinbruchsdiebstahl und Hehlerei vgl. BGH NStZ 2008, 646.

111 Die Rechtsprechung hat ungleichartige Wahlfeststellung insbesondere auch zugelassen zwischen Diebstahl und Unterschlagung,[12] zwischen Raub und räuberischer Erpressung,[13] zwischen Betrug und Hehlerei[14] sowie zwischen Betrug und Unterschlagung.[15] Dagegen verneint die Rechtsprechung eine sog. ungleichartige Wahlfeststellung mangels rechtsethischer und psychologischer Vergleichbarkeit zwischen Totschlag und Körperverletzung mit Todesfolge,[16] und zwischen schwerem Raub und Hehlerei[17]

Am 18.5.2017 hat der Große Senat für Strafsachen des BGH entschieden, dass die ungleichartige Wahlfeststellung nach den hergebrachten Grundsätzen weiterhin zulässig ist, denn sie sei eine prozessuale Entscheidungsregel.[18]

---

12 BGHSt 16, 184 = NJW 1961, 1936.
13 BGHSt 5, 280 = NJW 1954, 521.
14 BGH NJW 1974, 804 f.; offen gelassen in BGH NJW 1989, 1868.
15 OLG Saarbrücken NJW 1976, 65.
16 BGH NJW 1990, 130.
17 BGHSt 21, 152 = NJW 1967, 359.
18 BGH NStZ 2018, 41 ff.

Übersicht zur Anwendung des in dubio-Grundsatzes und der Wahlfeststellung[19]   112

| Eindeutige Feststellung des Sachverhalts ist nicht möglich! |

↓

| Kann der Beschuldigte bei jeder der in Frage stehenden Sachverhaltsmöglichkeiten verfolgt werden? |

→ **nein** → | »In dubio pro reo« |

ja ↓

| Ist jeweils derselbe Tatbestand erfüllt? |

→ **ja** → | Sog. gleichartige Wahlfeststellung |

nein ↓

| Besteht zwischen den verschiedenen Tatbeständen ein |

→ **ja** → | »In dubio pro reo« |

nein ↓

| Sind die verschiedenen Tatvorwürfe rechtsethisch und psychologisch vergleichbar (hM) oder besteht Identität des Unrechtskerns? |

↙ | »In dubio pro reo« | **ja** ↘ | Sog. ungleichartige Wahlfeststellung |

---

19 *v. Heintschel-Heinegg* Prüfungstraining StrafR I Rn. 76.

III. Postpendenzfeststellung

113   Keine Fälle der Wahlfeststellung sind die der Postpendenzfeststellung, in denen eine nur »einseitige« Sachverhaltsungewissheit in dem Sinne besteht, dass von zwei rechtlich relevanten Sachverhalten der zeitlich frühere nur möglicherweise, der zeitliche spätere hingegen sicher gegeben ist. In solchen Fällen hat eine eindeutige Verurteilung – sog. Postpendenzfeststellung – auf der Grundlage des als sicher festgestellten, zeitlich späteren Sachverhalts und wegen der hierdurch verwirklichten Delikte zu erfolgen.

114   **Beispiel:** Die Mittäterschaft bei einem zeitlich vorausgegangenen Diebstahl ist nicht erwiesen. Fest steht aber, dass A die Diebstahlsbeute in Kenntnis der Vortat an sich gebracht hat, um sie mit Gewinn weiter zu verwerten. – A ist nur wegen Hehlerei zu verurteilen; ein Schuldspruch nach § 242 I StGB kommt mangels hinreichenden Beweises nicht in Betracht.[20]

C. Inhalt[21]

115   Die Anklageschrift wird hauptsächlich für drei Personen verfasst: den Angeklagten, den Richter und den späteren Anklagevertreter der Staatsanwaltschaft.

Dem *Angeklagten* soll die Anklageschrift das Wissen um den gegen ihn erhobenen Vorwurf vermitteln. Diese *Informationsfunktion* der Anklageschrift ergibt sich aus dem Anspruch des Angeklagten auf rechtliches Gehör, Art. 103 I GG. Denn erst die Unterrichtung über die Einzelheiten seiner Beschuldigung versetzt den Angeklagten in die Lage, seine Verteidigung hinreichend vorzubereiten und sich zu der ihm angelasteten Tat umfassend zu äußern. Darüber hinaus ist eine weitere Aufgabe der Anklageschrift, den Prozessgegenstand festzulegen, indem sie den jeweiligen Tatvorwurf in persönlicher wie sachlicher Hinsicht von anderen denkbaren Anschuldigungen so abgrenzt, dass nach seinem Inhalt unter Ausschluss von Verwechslungsgefahr zweifelsfrei feststeht, welcher Lebenssachverhalt dem Gericht zur Beurteilung unterbreitet ist *(Umgrenzungsfunktion)*.[22]

116   Für den *Richter* ist die Anklageschrift die Grundlage für die Eröffnung des Hauptverfahrens und die spätere Hauptverhandlung.

117   Der *Anklagevertreter der Staatsanwaltschaft,* der in der Hauptverhandlung keine Akten hat, muss aus ihr alles entnehmen können, was er für die Hauptverhandlung braucht.

118   Die Anklageschrift muss deshalb klar, übersichtlich und vor allem für den Angeklagten verständlich sein, Nr. 110 I RiStBV. Der notwendige Inhalt der Anklageschrift ergibt sich aus § 200 StPO, Nr. 110–113 RiStBV.

---

20 BGH NStZ 1989, 574 (streitig).
21 **Hinweis:** Im Folgenden wird von der in Bayern gebräuchlichen Fassung einer Anklageschrift ausgegangen, die in der für die Zweite Juristische Staatsprüfung in Bayern zugelassenen Formularsammlung von *Kroiß/Neurauter* unter Nr. 36 abgedruckt ist. Beispiel einer in Baden-Württemberg üblichen Form der Anklage bei *Vollmer/Heidrich* Assessorklausur StrafR 103. Beispiele für übrige Bundesländer *Kroiß/Neurauter* FormB Rechtspflege Nr. 36 Anmerkungen. Zum allgemeinen Aufbau vgl. *Wolters/Gubitz* StrafR Rn. 155 ff.
22 *Krause/Thon* StV 1985, 252 ff.

Überblick über den Inhalt der Anklageschrift   119

| Kopf | Absendende Staatsanwaltschaft
Aktenzeichen
ggf. Haftvermerk, Nr. 52 RiStBV
Überschrift |

Anklagesatz § 200 I 1 StPO	Personalien, § 200 I 1 StPO, Nr. 110 II a RiStBV
	Verteidiger, § 200 I 2 StPO, Nr. 110 II b RiStBV
	Sachverhalt, § 200 I 1 StPO, Nr. 110 II c RiStBV
	Gesetzliche Merkmale der Straftat § 200 I 1 StPO, Nr. 110 II c RiStBV
	Technische Kurzbezeichnung der anzuwendenden Strafvorschriften, § 200 I 1 StPO, Nr. 110 II c RiStBV

| Wesentliches
Ergebnis der
Ermittlungen
§ 200 II StPO | Bei Anklage zum Strafrichter kann davon
abgesehen werden, § 200 II 2 StPO
Schilderung der Beweislage |

| Bezeichnung
des zuständigen
Gerichts | Zuständiges Gericht: § 200 I 2 StPO, Nr. 110 III
RiStBV |

| Anträge | Anträge: § 199 II 1 StPO, Nr. 110 III
1, IV 2 RiStBV |

| Beweismittel
§ 200 I 2 StPO | Zeugen
Sachverständige
Urkunden
Sonstige Beweismittel   Nr. 111 RiStBV |

| Abschluss | Ort, Datum und
Unterschrift des Staatsanwalts |

I. Kopf

120 Der Kopf besteht aus

- der Bezeichnung der absendenden Staatsanwaltschaft,
- dem staatsanwaltlichen Aktenzeichen,

zB	106	Js	1120	/	21
	Dezernat	(Ermittlungsverfahren Staatsanwaltschaft, vgl. Schönfelder Registerzeichen Anhang)	(laufende Nummer)		Jahr

- einem deutlichen Aufdruck »Haft!« bei Anklagen gegen inhaftierte Angeschuldigte, Nr. 52 RiStBV. Üblicherweise geschieht dies durch die Anbringung eines roten Stempelaufdruckes »Haft« rechts oben, in Klausuren durch einen entsprechenden Vermerk,
- der Überschrift »Anklageschrift in der Strafsache gegen …«

II. Anklagesatz

1. Personalien

121 Die Angaben zur Person müssen die in Nr. 110 II a RiStBV bezeichneten Daten enthalten. Notwendig sind somit folgende Angaben:

- Familien- und Geburtsname
- Vornamen (Rufname unterstreichen)
- Beruf (der zuletzt ausgeübte)
- Anschrift
- Familienstand
- Geburtstag und Geburtsort (Kreis, Bezirk)
- Staatsangehörigkeit
- bei Minderjährigen Namen und Anschriften der gesetzlichen Vertreter

122 Bei den Angeschuldigten, die sich nicht auf freiem Fuß befinden oder wegen des angeklagten Sachverhalts eine Freiheitsentziehung erlitten haben, sind im Anschluss an die Personalien folgende Angaben erforderlich, Nr. 110 IV RiStBV:

- Art des Freiheitsentzuges
- Bisherige Dauer
- Verwahrungsort
- Richterliche Entscheidung, die den Freiheitsentzug anordnete
- Gegebenenfalls voraussichtliches Entlassungsdatum
- Haftprüfungstermine

> **Beispiel 1:** »In dieser Sache vorläufig festgenommen am 15.2.2021 und in Untersuchungshaft seit dem 16.2.2021 aufgrund Haftbefehls des Amtsgerichts Nürnberg vom 16.2.2021.« Ablauf der Frist nach § 121 I StPO: 16.8.2021[23]

> **Beispiel 2:** »In anderer Sache in Strafhaft in der Justizvollzugsanstalt Würzburg bis zum 31.1.2021.«

123 Richtet sich die Anklageschrift gegen mehrere Personen, ist in der Praxis die Geschäftsverteilung des zuständigen Gerichts zu beachten; den danach entscheidenden Angeschuldigten setzt man an die Spitze. Ansonsten (und damit in Klausuren) erwähnt man den Angeschuldigten zuerst, dem die schwerste Straftat iSv § 12 StGB vorgeworfen wird; der Teilnehmer folgt nach dem Täter.

---

23 **Hinweis:** Nach § 121 I StPO wird der Tag des Haftbefehlserlasses nicht mitgerechnet, Meyer-Goßner/ Schmitt/*Schmitt* StPO § 121 Rn. 4.

2. Verteidiger (§ 200 I 2 StPO; Nr. 110 II b RiStBV)

Nach den Personalien folgt die Bezeichnung des Verteidigers: 124

> Wahlverteidiger: Rechtsanwalt Hans Först,
>   Marienplatz 21, 81543 München

3. Sachverhalt

Die Schilderung des dem Angeschuldigten zur Last gelegten Sachverhalts wird wie folgt   125
eingeleitet:

> »Die Staatsanwaltschaft legt aufgrund ihrer Ermittlungen dem Angeschuldigten folgenden
> Sachverhalt zur Last:«

Als nächstes ist die Tat im strafprozessualen Sinn gem. § 264 I StPO, die dem Angeschuldig-   126
ten zur Last gelegt wird, mit Zeit und Ort ihrer Begehung zu schildern, § 200 I 1 StPO,
Nr. 110 II c RiStBV. Das tatsächliche Geschehen ist so wiederzugeben, dass die Identität des
gemeinten geschichtlichen Vorgangs klargestellt wird.[24] Enthält der Aktenauszug keinen
genauen Zeitpunkt und/oder Tatort, genügt die Bezeichnung eines größeren Zeitraumes (zB
»Zu einem nicht genau bekannten Zeitpunkt zwischen dem 1.3.2021 und dem 30.3.2021 …«),
notfalls die Angabe: »In nicht rechtsverjährter Zeit nach dem 20.1.2021 …«, eine weitere
räumliche Abgrenzung wie zB »im Stadtgebiet von Augsburg …«.

Ist der genaue Zeitpunkt bzw. Tatort bekannt, aber in der Sachverhaltsschilderung nicht   127
enthalten, ist dies ein grober Fehler. Wird ein solcher Mangel in der Praxis nicht behoben,
sind Anklageschrift und Eröffnungsbeschluss unwirksam, was zur Einstellung des Verfahrens führt.[25]

Die Schilderung des Sachverhalts erfolgt im Imperfekt, für vor der Tat liegende Geschehnisse   128
wird das Plusquamperfekt verwendet.

> »Nachdem der Angeschuldigte den Schaden besichtigt hatte, setzte er seine Fahrt fort, ohne
> sich um eine Schadensregulierung zu kümmern.«

Auszugehen ist stets vom verletzten Straftatbestand. Alle (aber auch nur die) Tatsachen   129
müssen aufgeführt werden, die den objektiven wie subjektiven Tatbestand erfüllen.

Vorsatz des Angeschuldigten kann wie folgt umschrieben werden: 130

> »Der Angeschuldigte handelte in Kenntnis aller tatsächlichen Umstände.«

oder

> »Zu diesem Zeitpunkt war der Angeschuldigte nicht mehr fahrtüchtig, was er auch wusste.«

Bei *Fahrlässigkeit* kann formuliert werden: 131

> »Der Angeschuldigte hätte bei Aufwendung der erforderlichen Sorgfalt erkennen können und
> müssen, dass …«

Oder

> »Zu diesem Zeitpunkt war der Angeschuldigte nicht mehr in der Lage, sein Fahrzeug sicher zu
> führen, was er bei zumutbarer Anstrengung seiner Kräfte hätte bemerken können und müssen.«

---

24 Meyer-Goßner/Schmitt/*Schmitt* StPO § 200 Rn. 7.
25 Meyer-Goßner/Schmitt/*Schmitt* StPO § 200 Rn. 26; hierbei ist zu beachten, dass derartige Mängel des
   Anklagesatzes dann zu einem fehlerfreien Verfahren führen, wenn das Gericht spätestens nach der Verlesung des Anklagesatzes den genauen Gegenstand des Verfahrens durch einen Hinweis erläutert und damit
   den Verfahrensgegenstand umfangmäßig klarstellt.

132 In Examensklausuren fehlt häufig die Schilderung des subjektiven Tatbestands. Deshalb ist es nach Fertigung der Anklageschrift unbedingt erforderlich, die Sachverhaltsschilderung dahingehend zu vergleichen, ob in ihr neben den objektiven auch die subjektiven Tatbestandsmerkmale der angeklagten Straftatbestände aufgeführt sind.

133 Der Sachverhalt ist so zu schildern, als wäre der Verfasser der Anklageschrift dabei gewesen und hätte alles als Augenzeuge miterlebt. Falsch ist es, den Sachverhalt aus der Sicht des Zeugen zu erzählen.

> »Der Angeschuldigte hatte sich entschlossen, Elke Müller die Einkaufstasche gewaltsam wegzunehmen. Er ging deshalb auf sie zu und entriss ihr mit einem kräftigen Ruck die Einkaufstasche, die sie in der rechten Hand getragen hatte.«

Also nicht: »Als der Angeschuldigte an Elke Müller herangetreten war, hielt diese ihre Einkaufstasche locker in der Hand. Wie Elke Müller daraufhin bemerkte, entriss ihr der Angeschuldigte dann die Einkaufstasche und flüchtete.«

134 Die Tatvorwurfsschilderung hat sich auf das Wesentliche zu beschränken. Nur das ist darzustellen, was für die Tatbestandserfüllung erforderlich ist. Alles was darüber hinausgeht, ist überflüssig und daher fehlerhaft. Auf keinen Fall darf sie eine Beweiswürdigung enthalten (zB »Der Angeschuldigte hat den ihm zur Last gelegten Sachverhalt zwar abgestritten, er wird aber durch die Aussagen der Zeugen Maier und Müller überführt werden.«). Nur der Anklagesatz wird in der Hauptverhandlung verlesen, um nicht die Unvoreingenommenheit der Schöffen zu beeinflussen, die das wesentliche Ergebnis der Ermittlungen nicht kennen dürfen. Auf der anderen Seite darf die Tatschilderung auch nicht so kurz sein, dass sie keinen eigenen Informationswert mehr hat. Deshalb ist es unzulässig, lediglich Formulierungen des Gesetzes zu verwenden. Richtig daher:

> »Der Angeschuldigte entschloss sich, am 4.2.2021 gegen 23 Uhr in das Gebäude der Firma Huber in der Hauptstraße 2 in Bamberg einzubrechen, um dort aus der Kasse das vorhandene Geld mitzunehmen. Entsprechend seiner vorgefassten Absicht begab er sich zum genannten Zeitpunkt zum Anwesen der Firma Huber und begann, mit einem Dietrich das verschlossene Hoftor gewaltsam aufzubrechen. Als er es fast geschafft hatte, stellte er plötzlich fest, dass sich ein Polizeifahrzeug näherte. Aus diesem Grund gab er sein Vorhaben auf und rannte weg.«

Also nicht: »Der Angeschuldigte versuchte am 4.2.2021 gegen 23 Uhr in das Gebäude der Firma Huber in der Hauptstraße 2 in Bamberg einzubrechen, was ihm aber nicht gelang.«

135 In der Darstellung wird der Beschuldigte als »Angeschuldigter« bezeichnet. Bei anderen Personen wird zum Namen ein Zusatz hinzugefügt, wie »der Taxifahrer Müller«, »der Fußgänger Maier« oder »der Jugendliche Huber«. Nicht verwendet werden sollte die Bezeichnung »Herr Müller« oder »Frau Maier«; keinesfalls aber dürfen Personen mit »der Müller« oder »die Maier« aufgeführt werden. Für Teilnehmer an der angeklagten Straftat, gegen die in einem gesonderten Verfahren Anklage erhoben wird, empfiehlt sich folgende Formulierung:

> »Der Angeschuldigte begab sich zusammen mit dem anderweitig verfolgten Christian Müller ...«

136 Sind mehrere Personen in derselben Anklageschrift angeklagt, werden sie mit »die Angeschuldigten« bzw. dem Namen bezeichnet.

> »Der Angeschuldigte Müller ging daraufhin mit dem Angeschuldigten Schwarz in die Mainstraße in Aschaffenburg, während der Angeschuldigte Huber im Pkw wartete. ... Später entfernten sich die Angeschuldigten gemeinsam mit dem Pkw vom Tatort.«

Abzuraten ist von der Nummerierung der Angeschuldigten, wie »Der Angeschuldigte zu 1) ging daraufhin mit dem Angeschuldigten zu 3) in die Mainstraße in Aschaffenburg, während der Angeschuldigte zu 2) im Pkw wartete.« Darunter würde nämlich die Verständlichkeit leiden und Zuhörer würden beim Verlesen des Anklagesatzes in der Hauptverhandlung bei mehreren Angeklagten den Überblick verlieren.

Bei mehreren prozessualen Taten muss die Sachverhaltsschilderung eine übersichtliche Gliederung enthalten, vor allem, wenn diese von mehreren Angeschuldigten begangen worden sind. Dies geschieht durch deutliche, mit Ziffern versehene Absätze. Dabei ist es sinnvoll, den Sachverhalt in der zeitlichen Reihenfolge zu schildern. **137**

Nach Nr. 110 II d RiStBV sind bei Antragsdelikten in die Anklageschrift Hinweise auf die gestellten Strafanträge aufzunehmen. Dies geschieht im Anschluss an die Sachverhaltsschilderung, und zwar im Perfekt: »Die Firma Maier AG hat am 11.3.2021 schriftlich Strafantrag gestellt.« **138**

Bei einigen wichtigen Antragsdelikten kann der fehlende Strafantrag dadurch ersetzt werden, »dass die Strafverfolgungsbehörde wegen des besonderen öffentlichen Interesses an der Strafverfolgung ein Einschreiten von Amts wegen für geboten hält« (zB vorsätzliche und fahrlässige Körperverletzung, §§ 223, 229, 230 StGB; Diebstahl und Unterschlagung geringwertiger Sachen, §§ 242, 246, 248a StGB[26]; Sachbeschädigung, §§ 303, 303c StGB). Wird in einem solchen Fall Anklage erhoben, muss die Sachverhaltsschilderung die Feststellung enthalten, dass wegen des besonderen öffentlichen Interesses an der Strafverfolgung ein Einschreiten von Amts wegen geboten ist, Nr. 110 II d RiStBV.[27] Gebräuchlich ist dafür folgende Formulierung: **139**

> »Strafantrag ist nicht gestellt. Jedoch bejaht die Staatsanwaltschaft das besondere öffentliche Interesse an der Strafverfolgung.«

In der Praxis ist es vielfach üblich, trotz Stellung eines Strafantrages durch den Verletzten zusätzlich das besondere öffentliche Interesse an der Strafverfolgung von Amts wegen zu bejahen. Das hat den Vorteil, dass die Rücknahme eines Strafantrages durch den Verletzten bedeutungslos ist. In einem solchen Fall lautet die Feststellung: **140**

> »Die Firma Maier AG hat am 11.3.2021 form- und fristgerecht Strafantrag gestellt. Im Übrigen bejaht die Staatsanwaltschaft das besondere öffentliche Interesse an der Strafverfolgung.

Sind die Voraussetzungen für die Verhängung einer Maßregel der Besserung und Sicherung gem. § 61 StGB gegeben, muss der Sachverhalt auch die tatbezogenen Umstände enthalten, welche die Anordnung einer solchen Maßregel rechtfertigen, Nr. 110 II c RiStBV. In Klausuren kommt am häufigsten die Entziehung der Fahrerlaubnis vor, § 61 Nr. 5 StGB. Der Hinweis auf die Entziehung der Fahrerlaubnis nach § 69 I oder II StGB erfolgt entweder unmittelbar nach der Sachverhaltsschilderung oder nach der Wiedergabe der gesetzlichen Merkmale der Straftat (also vor dem wesentlichen Ergebnis der Ermittlungen). Es kann formuliert werden: **141**

> »Der Angeschuldigte hat sich durch sein Verhalten als ungeeignet zum Führen von Kraftfahrzeugen erwiesen. In der Hauptverhandlung ist mit dem Entzug der Fahrerlaubnis, der Einziehung des Führerscheins und der Anordnung einer Sperrfrist für die Wiedererteilung einer Fahrerlaubnis zu rechnen.
>
> Der Angeschuldigte wird daher beschuldigt,
>
> ...
>
> strafbar als ... nach §§ 316 I, 69, 69a StGB.«[28]

---

26 S. auch § 263 IV StGB.

27 **Hinweis:** Unter welchen Voraussetzungen ein besonderes öffentliches Interesse an der Verfolgung anzunehmen ist, ist für Körperverletzungen in Nr. 234 I, 243 III RiStBV geregelt. Die Begründung für die Bejahung des besonderen öffentlichen Interesses muss im Gutachten enthalten sein.

28 **Hinweis:** In der Praxis finden sich auch andere Formulierungsmöglichkeiten: »Der Angeschuldigte hat sich durch die Tat als ungeeignet zum Führen von Kraftfahrzeugen erwiesen. Anträge nach §§ 69, 69a StGB werden in der Hauptverhandlung gestellt werden.«oder»Durch sein Verhalten hat sich der Angeschuldigte als ungeeignet zum Führen von Kraftfahrzeugen erwiesen. Die Voraussetzungen der §§ 69, 69a StGB liegen vor.« Der Informationsfunktion der Anklageschrift wird allerdings die oben geschilderte Formulierung am besten gerecht. Diese Formulierung stimmt im Übrigen auch mit der Urteilsformel überein, *Ziegler* Strafurteil Rn. 87.

4. Wiedergabe der gesetzlichen Merkmale der Straftat

142 Der abschließende Teil des Anklagesatzes mit der Wiedergabe der gesetzlichen Merkmale der Straftat zeichnet sich durch folgende »Dreiteilung« aus:

Der Angeschuldigte wird daher beschuldigt,

Angabe der gesetzlichen Merkmale der Straftaten einschließlich Handlungs-, Begehungs- und Teilnahmeform

strafbar als

Rechtliche Bezeichnung der Straftaten einschließlich Konkurrenzen

nach

Paragraphenbezeichnung der anzuwendenden Strafvorschriften

143 Die gesetzlichen Merkmale der Straftat sind die abstrakten Tatbestandsmerkmale der anzuwendenden materiell-rechtlichen Strafvorschriften. Ihre Angabe bezweckt, dem Angeschuldigten den *Gesetzestext* der von der Staatsanwaltschaft angenommenen Delikte mitzuteilen.

Dieser Teil des Anklagesatzes wird eingeleitet mit den Worten:

»Der Angeschuldigte wird daher beschuldigt ...«

144 Hierher gehören auch die Konkurrenzen sowie die Begehungs- und Teilnahmeformen. Bei den Konkurrenzen wird »Tateinheit« am einfachsten gekennzeichnet durch »... und durch dieselbe Tat ...«; für »Tatmehrheit« gebraucht man dann zweckmäßigerweise die Worte »... und durch eine weitere selbstständige Tat ...«

Eine häufige Fehlerquelle in Klausuren ist, dass die Wiedergabe der gesetzlichen Merkmale der Straftat sich nicht an den Gesetzeswortlaut hält. Soweit einzelne Tatbestände mehrere Varianten haben (zB §§ 263, 266, 267 StGB), darf nur die Variante aufgeführt werden, die auch tatsächlich zutrifft.

145 Oft wird auch übersehen, dass die Schuldform Vorsatz oder Fahrlässigkeit anzugeben ist. Das gilt aber nur dann, wenn das Delikt sowohl vorsätzlich als auch fahrlässig begangen werden kann!

146 **Beispiel 1:** Anzuklagen ist: Vortäuschen einer Straftat in Tateinheit mit Betrug, §§ 145d I Nr. 1, 263 I, 52 StGB.

»Der Angeschuldigte wird daher beschuldigt, wider besseres Wissen einer Behörde vorgetäuscht zu haben, dass eine rechtswidrige Tat begangen worden sei
und durch dieselbe Tat
in der Absicht, sich einen rechtswidrigen Vermögensvorteil zu verschaffen, das Vermögen eines anderen dadurch beschädigt zu haben, dass er durch Vorspiegelung falscher Tatsachen einen Irrtum erregte.«

Stattdessen kann auch so formuliert werden:

»Der Angeschuldigte wird daher beschuldigt, durch dieselbe Handlung
1. wider besseres Wissen ...
2. in der Absicht, sich einen ...«

Beispiel 2: Anzuklagen ist: Vorsätzliche Trunkenheit im Verkehr in Tatmehrheit mit   **147** Widerstand gegen Vollstreckungsbeamte, §§ 113 I, 316 I, 53 StGB.

»Der Angeschuldigte wird daher beschuldigt,[29] vorsätzlich im Verkehr ein Fahrzeug geführt zu haben, obwohl er infolge des Genusses alkoholischer Getränke nicht in der Lage war, das Fahrzeug sicher zu führen

und durch eine weitere selbstständige Tat

einen Amtsträger, der zur Vollstreckung von Gesetzen berufen ist, bei der Vornahme einer solchen Diensthandlung mit Gewalt Widerstand geleistet zu haben.«

Stattdessen kann auch formuliert werden:

»Der Angeschuldigte wird daher beschuldigt, durch selbstständige Handlungen

1. vorsätzlich im Verkehr …

2. einen Amtsträger, der zur Vollstreckung …«.

Beispiel 3: Anzuklagen ist: Beleidigung in Tateinheit mit vorsätzlicher Körperverletzung   **148** in Tatmehrheit mit fahrlässigem Vollrausch, §§ 185, 194 I 1, 223, 230, 323a, 52, 53 StGB.

»Der Angeschuldigte wird daher beschuldigt,

einen anderen beleidigt zu haben

und durch dieselbe Tat

vorsätzlich einen anderen körperlich misshandelt zu haben

und durch eine weitere selbstständige Tat

sich fahrlässig durch alkoholische Getränke in einen Rausch versetzt zu haben, wobei er in diesem Zustand eine rechtswidrige Tat begangen hat und ihretwegen nicht bestraft werden konnte, weil er infolge des Rausches schuldunfähig war.«[30]

Stattdessen kann auch formuliert werden:

»Der Angeschuldigte wird daher beschuldigt,

1. durch eine Handlung
   a) einen anderen beleidigt zu haben und
   b) vorsätzlich einen anderen körperlich misshandelt zu haben
2. sich fahrlässig durch alkoholische Getränke …«

Beispiel 4: Anzuklagen ist: Drei in Tatmehrheit stehende gefährliche Körperverletzungen,   **149** §§ 223, 224 I Nr. 4, 53 StGB.

»Der Angeschuldigte wird daher beschuldigt,

in drei Fällen

gemeinschaftlich einen anderen körperlich misshandelt zu haben.«[31]

Beispiel 5: Zwei Beschuldigte sind anzuklagen, in Mittäterschaft einen Diebstahl in einem   **150** besonders schweren Fall in Tatmehrheit mit einer Nötigung begangen zu haben, §§ 242 I, 243 I 2 Nr. 1, 240, 25 II, 53 StGB.

---

29 **Hinweis:** Trunkenheit im Verkehr kann nach § 316 II StGB auch fahrlässig begangen werden.

30 **Hinweis:** Diejenigen Straftaten, die der Angeschuldigte im Vollrausch begangen hat, werden hier nicht angeführt, weil sie nur objektive Bedingungen der Strafbarkeit sind.

31 **Hinweis:** Die gefährliche Körperverletzung ist ein qualifizierter Fall von § 223 StGB. In diesen Fällen muss auch der Wortlaut des Grundtatbestandes geschildert werden, also zB bei § 244 I Nr. 1a StGB: »Der Angeschuldigte wird daher beschuldigt, eine fremde bewegliche Sache einem anderen in der Absicht weggenommen zu haben, sie sich rechtswidrig zuzueignen, wobei er dabei eine Waffe bei sich führte.«

>»Die Angeschuldigten werden daher beschuldigt,
gemeinschaftlich handelnd[32] eine fremde bewegliche Sache einem anderen in der Absicht weggenommen zu haben, dieselbe sich rechtswidrig zuzueignen, wobei sie zur Ausführung der Tat in ein Gebäude eingebrochen sind[33]
und durch eine weitere selbstständige Tat
einen anderen rechtswidrig mit Gewalt zu einer Duldung genötigt zu haben.«

151 **Beispiel 6:** Zwei Beschuldigte sind anzuklagen, in Mittäterschaft einen räuberischen Diebstahl in Tateinheit mit einer Freiheitsberaubung begangen zu haben, §§ 239 I, 252, 25 II, 52 StGB. Darüber hinaus hat der Beschuldigte Maier alleine eine Unterschlagung gem. § 246 I StGB und der Beschuldigte Müller alleine eine Hehlerei gem. § 259 I StGB begangen.

>»Die Angeschuldigten werden daher beschuldigt, gemeinschaftlich handelnd
bei einem Diebstahl auf frischer Tat betroffen, gegen eine Person Gewalt verübt zu haben, um sich im Besitz des gestohlenen Gutes zu erhalten,
und durch dieselbe Tat
widerrechtlich einen Menschen des Gebrauchs der persönlichen Freiheit beraubt zu haben.
Der Angeschuldigte Maier wird außerdem beschuldigt,
eine fremde bewegliche Sache, die er in Gewahrsam hatte, sich rechtswidrig zugeeignet zu haben.
Der Angeschuldigte Müller wird darüber hinaus beschuldigt,
eine Sache, die ein anderer gestohlen hat, angekauft zu haben, um sich zu bereichern.«

152 **Beispiel 7:** Der Beschuldigte Maier hat eine Urkundenfälschung gem. § 267 I StGB begangen. Dazu hat ihn der Beschuldigte Müller angestiftet, §§ 267 I, 26 StGB.

>»Die Angeschuldigten werden daher beschuldigt,
1. der Angeschuldigte Maier
zur Täuschung im Rechtsverkehr eine unechte Urkunde hergestellt zu haben,
2. der Angeschuldigte Müller
vorsätzlich einen anderen bestimmt zu haben, zur Täuschung im Rechtsverkehr eine unechte Urkunde herzustellen.«

5. Rechtliche Bezeichnung der Straftat

153 Nach der Wiedergabe der gesetzlichen Merkmale der Straftat sind die anzuwendenden Strafvorschriften zu bezeichnen, § 200 I 1 StPO. Dieser Teil des Anklagesatzes wird eingeleitet mit den Worten »strafbar als«. Anzugeben ist die rechtliche Bezeichnung der angeklagten Delikte mit den Angaben über Tateinheit oder Tatmehrheit sowie die Angabe der gesetzlichen Vorschriften.

154 Für die rechtliche Bezeichnung der Tat sind die für den Schuldspruch des Urteils geltenden Regeln anzuwenden.[34] Das bedeutet zunächst, dass die gesetzliche Überschrift eines Straftatbestandes anzugeben ist, so wie sie sich im StGB findet, § 260 IV 2 StPO, wobei zusätzlich die Schuldform anzuführen ist, wenn das Delikt sowohl vorsätzlich als auch fahrlässig begangen werden kann. Hat ein Straftatbestand keine gesetzliche Überschrift, was nur im Nebenstrafrecht vorkommt (zB Betäubungsmittelgesetz, Waffengesetz), sind herkömmliche

---

32 **Hinweis:** Muss nicht aufgenommen werden, dient aber der Information des Angeschuldigten, → Rn. 115, 157, 165.

33 **Hinweis:** Es ist umstritten, ob Regelbeispiele eines besonders schweren Falles (wie etwa §§ 113 II, 125a, 243 StGB) bei der Wiedergabe der gesetzlichen Merkmale anzuführen sind, Meyer-Goßner/Schmitt/*Schmitt* StPO § 200 Rn. 10. Die Aufnahme entspricht verbreiteter Übung und ist auch deshalb empfehlenswert, damit der Angeschuldigte über den Schuldvorwurf umfassend informiert wird.

34 Meyer-Goßner/Schmitt/*Schmitt* StPO § 200 Rn. 13.

oder die Tat charakterisierende Beschreibungen zu verwenden (zB »strafbar als unerlaubte Einfuhr von Betäubungsmitteln«).

Trotz der Entscheidung des BGH vom 4.8.1985[35] wird vielfach zusätzlich die Deliktsart 155 (Vergehen oder Verbrechen) angegeben (»strafbar als Vergehen des Diebstahls«). Von dieser immer noch verbreiteten Praxis ist in Examensklausuren abzuraten: Die Qualifizierung der Tat als Verbrechen oder Vergehen ist überflüssig und eröffnet – was bei weitem schwerer wiegt – nur eine zusätzliche Fehlerquelle. Das zeigt eindrucksvoll die genannte Entscheidung des BGH. Dort hatte das Erstgericht verkannt, dass der unter den Voraussetzungen des § 315b III StGB begangene gefährliche Eingriff in den Straßenverkehr ein Verbrechen darstellt. Deshalb sollte in Examensklausuren die Qualifizierung weglassen und lediglich geschrieben werden: »… strafbar als Diebstahl …«.

Für die Darstellung von *Tateinheit* sollen die Formulierungen »in Tateinheit mit« und 156 anschließend »und mit« und für die Darstellung von *Tatmehrheit* die Worte »und« bzw. »sowie« oder »wegen … und wegen« verwendet werden.[36]

> »… strafbar als
> vorsätzliche Gefährdung des Straßenverkehrs *und* des unerlaubten Entfernens vom Unfallort *in Tateinheit mit* vorsätzlicher Trunkenheit im Verkehr …«

Tatmodalitäten, die nach der Gesetzesfassung kein eigenes Unrecht beinhalten oder nur für 157 die Strafzumessung von Bedeutung sind, werden nicht aufgenommen. Demzufolge bleiben weg: gemeinschaftlich, Allein- oder Mittäterschaft, mittelbare Täterschaft, in verminderter Schuldfähigkeit begangen. Das gilt entsprechend auch für die Strafzumessungsvorschriften, insbesondere für Regelbeispiele sowie die minder schweren und besonders schweren Fälle.[37] Allerdings werden in der Praxis häufig die Mittäterschaft und die Regelbeispiele bei den besonders schweren Fällen zum Ausdruck gebracht.

> »… strafbar als ein in Mittäterschaft begangener Diebstahl in einem besonders schweren Fall …«.

Demgegenüber muss bei der rechtlichen Bezeichnung der Delikte aufgenommen werden, 158 wenn die Tat nur versucht wurde, Anstiftung oder Beihilfe in Betracht kommt oder eine Qualifikationsvorschrift verwirklicht wurde.

> »… strafbar als versuchter Diebstahl …«
> »… strafbar als Anstiftung zum Betrug …«
> »… strafbar als Beihilfe zur Urkundenfälschung …«
> »… strafbar als Diebstahl mit Waffen …«

6. Paragraphenbezeichnung der anzuwendenden Strafvorschriften

Für die Anklageschrift ist die gesonderte Zusammenstellung der anzuwendenden Straf- 159 bestimmungen in einer Liste nicht vorgeschrieben, aber allgemein üblich. Die Liste der anzuwendenden Strafvorschriften steht am Ende des Anklagesatzes (»… strafbar als … nach §§ …«).[38] Zuerst sind die Paragraphen des Besonderen Teils des StGB und dann diejenigen des Allgemeinen Teils des StGB zu nennen. Dabei ist darauf zu achten, dass »die angewendeten Vorschriften nach Paragraph, Absatz, Nummer, Buchstabe« aufgeführt werden, § 260 V 1 StPO. Bei den Paragraphen des *Besonderen Teils* des StGB ist besonders zu bedenken, dass bei Qualifikationstatbeständen auch der Grundtatbestand zu nennen ist, zB §§ 223, 224 I Nr. 2 StGB. Weiter sind alle Vorschriften, deren Gesetzestext wiedergegeben wurde, hier anzuführen, also auch die Strafzumessungsregeln wie §§ 113 II, 243 StGB.

---

35 BGH NJW 1986, 1116.
36 Meyer-Goßner/Schmitt/*Schmitt* StPO § 260 Rn. 26; *Fischer* StGB vor § 52 Rn. 67; In Bayern ist es noch vielfach üblich, für *Tateinheit* »rechtlich zusammentreffend« und für Tatmehrheit »sachlich zusammentreffend« zu gebrauchen.
37 Meyer-Goßner/Schmitt/*Schmitt* StPO § 260 Rn. 25.
38 Meyer-Goßner/Schmitt/*Schmitt* StPO § 200 Rn. 14.

160 Auch darf nicht vergessen werden, dass bei Antragsdelikten die Vorschriften, nach denen der Strafantrag erforderlich ist, genannt werden müssen, zB §§ 223, 230 I 1 StGB.

161 Bei den Paragraphen des *Allgemeinen Teils* des StGB werden die Vorschriften der Teilnahmeform (Anstiftung, Mittäterschaft, Beihilfe), besondere Arten der Tatbestandsverwirklichung (Versuch), Strafmilderungsgründe (zB § 21 StGB) und die Angabe des Konkurrenzverhältnisses (§§ 52, 53 StGB) aufgeführt. Die Paragraphen des Allgemeinen Teils stehen in der numerischen Reihenfolge am Ende der anzuwendenden Strafvorschriften. Sie werden nur einmal genannt, auch wenn sie mehrmals verwirklicht wurden, zB §§ 52, 53 StGB.

»… strafbar als …
gem. §§ 242 I, 243 I 2 Nr. 1, 223, 224 I Nr. 2, 25 II, 53 StGB.«

7. Beispiele für die Formulierung von Anklagesätzen

a) Vorsätzliche Alleintäterschaft

162 »Am 7.1.2021 hielt sich der Angeschuldigte in den Abendstunden in der Gastwirtschaft »Zum Löwen« in der Hauptstraße 10 in Aschaffenburg auf; dort trank er eine nicht mehr genau feststellbare Menge Wein. Als er gegen 20.30 Uhr diese Gastwirtschaft verließ, war er infolge des vorausgegangenen Alkoholgenusses nicht mehr in der Lage, ein Kraftfahrzeug sicher zu führen, was er auch wusste.[39] Dennoch fuhr er mit seinem Pkw Opel Astra, amtliches Kennzeichen AB-UA 105, von der genannten Gastwirtschaft aus durch das Stadtgebiet von Aschaffenburg. Gegen 20.45 Uhr geriet er dann in der Fischergasse in eine Polizeikontrolle.
Die ihm am 7.1.2021 um 21.15 Uhr im Klinikum Aschaffenburg entnommene Blutprobe ergab eine BAK von 1,8 ‰ im Mittelwert.
Der Angeschuldigte hat sich durch sein Verhalten als ungeeignet zum Führen von Kraftfahrzeugen erwiesen. In der Hauptverhandlung ist mit dem Entzug der Fahrerlaubnis, der Einziehung des Führerscheins und der Anordnung einer Sperrfrist für die Wiedererteilung einer Fahrerlaubnis zu rechnen.[40]
Der Angeschuldigte wird daher beschuldigt,
vorsätzlich[41] im Verkehr ein Fahrzeug geführt zu haben, obwohl er infolge des Genusses alkoholischer Getränke nicht in der Lage war, das Fahrzeug sicher zu führen,
strafbar als vorsätzliche[42] Trunkenheit im Verkehr
nach §§ 316 I, 69, 69a StGB.«

b) Fahrlässige Alleintäterschaft

163 »Am 4.2.2021 gegen 18 Uhr befuhr der Angeschuldigte mit seinem Pkw Fiat 500, amtliches Kennzeichen WÜ-DZ 237, die Bundesstraße 26 von Aschaffenburg kommend in Richtung Darmstadt. Etwa 500m vor dem Ortsschild »Stockstadt« übersah er infolge mangelnder Aufmerksamkeit[43] den ordnungsgemäß am rechten Fahrbahnrand fahrenden Fahrradfahrer Jochen Fischer. Der Angeschuldigte erfasste ihn mit seinem Pkw und schleuderte den 22-jährigen Fahrradfahrer zu Boden. Dieser erlitt durch den Sturz einen Schädelbruch, einen Schlüsselbeinbruch und mehrere Rippenprellungen.
Der Geschädigte hat am 15.2.2021 Strafantrag gestellt; im Übrigen bejaht die Staatsanwaltschaft auch das besondere öffentliche Interesse an der Strafverfolgung.[44]
Der Angeschuldigte wird daher beschuldigt,
durch Fahrlässigkeit einen anderen an der Gesundheit beschädigt zu haben,
strafbar als fahrlässige Körperverletzung
nach §§ 229, 230 I 1 StGB.«

---

39 Damit wird der Vorsatz zum Ausdruck gebracht, → Rn. 130.
40 → Rn. 141.
41 → Rn. 145.
42 → Rn. 154.
43 Damit wird die Fahrlässigkeit zum Ausdruck gebracht, → Rn. 131.
44 → Rn. 139 f.

c) Vorsatz-Fahrlässigkeits-Kombination[45]

»Am 7.1.2021 hielt sich der Angeschuldigte in den Abendstunden in der Gastwirtschaft »Zum **164** Löwen« in der Hauptstraße 10 in Aschaffenburg auf; dort trank er eine nicht mehr genau feststellbare Menge Wein. Als er gegen 20.30 Uhr diese Gastwirtschaft verließ, war er infolge des vorausgegangenen Alkoholgenusses nicht mehr in der Lage, ein Kraftfahrzeug sicher zu führen, was er auch wusste. Dennoch fuhr er mit seinem Pkw Opel Astra, amtliches Kennzeichen AB-UA 105, von der genannten Gastwirtschaft aus durch das Stadtgebiet von Aschaffenburg.[46] Aufgrund des genossenen Alkohols und mangelnder Aufmerksamkeit übersah er gegen 20.45 Uhr in der Mainstraße in Aschaffenburg den ordnungsgemäß am rechten Fahrbahnrand abgestellten Pkw VW-Polo, amtliches Kennzeichen AB-LM 815, des Heinz Pfister und fuhr auf diesen auf. Am Pkw des Heinz Pfister entstand ein Sachschaden von 1.500 EUR.

Dem Angeschuldigten wurde noch am selben Tag um 21.15 Uhr im Klinikum Aschaffenburg eine Blutprobe entnommen; sie ergab eine BAK von 1,5 ‰ im Mittelwert.

Der Angeschuldigte hat sich durch sein Verhalten als ungeeignet zum Führen von Kraftfahrzeugen erwiesen. In der Hauptverhandlung ist mit dem Entzug der Fahrerlaubnis, der Einziehung des Führerscheins und der Anordnung einer Sperrfrist für die Wiedererteilung einer Fahrerlaubnis zu rechnen.[47]

Der Angeschuldigte wird daher beschuldigt,

vorsätzlich[48] im Straßenverkehr ein Fahrzeug geführt zu haben, obwohl er infolge des Genusses alkoholischer Getränke nicht in der Lage war, das Fahrzeug sicher zu führen und dadurch fahrlässig fremde Sachen von bedeutendem Wert gefährdet zu haben,

strafbar als vorsätzliche[49] Gefährdung des Straßenverkehrs

nach §§ 315c I Nr. 1a, III Nr. 1, 69, 69a StGB.«

d) Mittäterschaft

»Am 26.2.2021 beschlossen die Angeschuldigten, noch in der Nacht in das Anwesen des **165** Metzgermeisters Karl Weber in der Frankfurter Straße 60 in Aschaffenburg einzudringen und dort Geld zu stehlen. Entsprechend ihrer vorgefassten Absicht hebelten sie gemeinsam gegen 23 Uhr eine Hintertür des genannten Hauses auf, gingen in das im Untergeschoß befindliche Büro und nahmen aus einer unverschlossenen Schreibtischschublade 4.586 EUR mit. Das Geld teilten sie untereinander zu gleichen Teilen auf.

Die Angeschuldigten werden daher beschuldigt, gemeinschaftlich handelnd fremde bewegliche Sachen einem anderen in der Absicht weggenommen zu haben, dieselben sich rechtswidrig zuzueignen, wobei sie zur Ausführung der Tat in ein Gebäude eingebrochen sind, strafbar als ein in Mittäterschaft begangener Diebstahl in einem besonders schweren Fall nach §§ 242 I, 243 I 2 Nr. 1, 25 II StGB.«[50]

e) Serienstraftaten

Der BGH[51] hat im Jahr 1994 die fortgesetzte Handlung als Rechtsfigur praktisch aufgegeben. **166** Der als »Jahrhundertentscheidung« eingestufte Beschluss verneint die Annahme des Fortsetzungszusammenhangs zwar ausdrücklich nur für bestimmte Straftatbestände (§§ 173, 174,

---

45 **Hinweis:** Für Delikte, die aus einer vorsätzlichen Tathandlung und der fahrlässigen Verursachung eines Erfolges kombiniert sind, klärt § 11 II StGB für die praktische Anwendung des Gesetzes, dass diese Taten (zB §§ 315 V, 315a III Nr. 1, 315b IV, 315c III Nr. 1 StGB) als vorsätzliche Taten anzusehen sind.

46 Bis hierher entspricht der Sachverhalt demjenigen bei der vorsätzlichen Alleintäterschaft, → Rn. 162.

47 → Rn. 141.

48 **Hinweis:** Dadurch kommt die Vorsatz-Fahrlässigkeits-Kombination zum Ausdruck.

49 **Hinweis:** Vgl. § 11 II StGB; sollte Fahrlässigkeit hinsichtlich sämtlicher Tatbestandsmerkmale gegeben sein, müsste wegen »fahrlässiger Gefährdung des Straßenverkehrs« nach § 315c I Nr. 1a, III Nr. 2 StGB angeklagt werden.

50 → Rn. 150.

51 BGH NStZ 1994, 383 ff. mit Besprechung *v. Heintschel-Heinegg* JA 1994, 276 ff.; vertiefend *v. Heintschel-Heinegg* JA 1994, 586 ff.; Meyer-Goßner/Schmitt/*Schmitt* StPO § 200 Rn. 9; *Fischer* StGB vor § 52 Rn. 47 ff.

176, 177, 178, 179, 263 StGB), beschränkt den Anwendungsbereich aber auf »seltene Ausnahmefälle«.[52] In einem weiteren Fall hat der BGH entschieden, dass die Grundsätze der Entscheidung des Großen Senats auf die Straftatbestände des unerlaubten Handeltreibens mit sowie des unerlaubten Veräußerns und des unerlaubten Erwerbs von Betäubungsmitteln anzuwenden sind.[53] Auch für die Tatbestände der Steuerhinterziehung[54] und der Bestechlichkeit[55] hat der BGH inzwischen nicht mehr an der Rechtsfigur der fortgesetzten Tat festgehalten. Seither ist für weitere Deliktsbereiche die Rechtsfigur abgelehnt worden; in keinem Fall ist Fortsetzungszusammenhang anerkannt worden.[56]

167 Aufgrund dieser geänderten Rechtsprechung ist nunmehr bei Vorliegen von Serienstraftaten von Einzeltaten und damit *Tatmehrheit* auszugehen.

Für die Darstellung in der Anklage sind jetzt folgende Grundsätze zu beachten:

168 **1. Grundsatz:** Die Einzeltaten müssen möglichst genau nach Tatzeit, Tatort, Ausführungsart und anderen individuellen Merkmalen gekennzeichnet werden.[57] Bei der Darstellung im Sachverhalt der Anklageschrift können die Einzelfälle allerdings zu Fallgruppen zusammengefasst werden, zB bei einer Mehrzahl gleichartiger Fälle durch Wiedergabe der gemeinsamen Merkmale aller Taten. Es ist auch zulässig, im Sachverhalt einen charakteristischen Einzelfall in allen Einzelheiten darzustellen und dann zur genauen Abgrenzung des Schuldumfangs mitzuteilen, in wie viel weiteren Fällen zu welchen Zeiten sich der Täter in gleicher Weise verhalten hat.[58]

169 »In der Zeit vom 1.2.2021 bis zum 28.2.2021 brachen die Angeschuldigten in fünf Fällen in verschiedene Fotogeschäfte im Stadtgebiet von Aschaffenburg ein und entwendeten Fotogeräte im Gesamtwert von 5.880 EUR. Sie gingen in allen Fällen so vor, dass sie jeweils zur Nachtzeit mit einem Brecheisen die Eingangstür aufbrachen und dann aus dem Ladengeschäft verschiedene Fotogeräte mitnahmen. Die gestohlenen Fotogeräte wollten sie in den nächsten Wochen in Frankfurt an Hehler verkaufen. Im Einzelnen handelte es sich um folgende Fälle:

1. Am 1.2.2021 drangen die Angeschuldigten auf die geschilderte Art und Weise gegen 23.30 Uhr in das Fotogeschäft der Firma Duttenhofer in der Steingasse 25 in Aschaffenburg ein. Sie entwendeten 1 Spiegelreflexkamera der Marke »Canon EOS 250« im Wert von 510 EUR.
2. ...
3. ...
4. ...
5. Am 28.2.2021 ...«

170 Bei einer Vielzahl von Einzelhandlungen, erst recht bei einer außerordentlich großen Zahl, (zumal wenn die Zahl in die Hunderte oder gar in die Tausende geht) wird es unerlässlich sein, die Strafverfolgung nach § 154 I Nr. 1 StPO auf die schwerwiegenden oder die leichter feststellbaren Fälle bzw. bei stets gleichartigen Taten auf einen bestimmten Tatzeitraum zu beschränken. Ist der Beschuldigte zB ein ganzes Jahr lang fast täglich vorsätzlich ohne Fahrerlaubnis gefahren, so ist es vernünftig, einige individualisierbare, besonders weitreichende Fahrten oder bei Gleichartigkeit aller Fahrten (stets von der Wohnung zur Arbeitsstätte und zurück) einen bestimmten Zeitraum herauszunehmen und im Übrigen das Verfahren nach § 154 I Nr. 1 StPO einzustellen. Der Große Senat des BGH hat nun entschieden, dass in Strafverfahren wegen einer Vielzahl gleichförmiger Taten (etwa 1.400 Einzeltaten waren es in dieser Sache), die durch eine gleichartige Begehungsweise gekennzeichnet sind, dem Erfordernis der Verlesung des Anklagesatzes iSd § 243 III 1 StPO Genüge getan ist, wenn dieser insoweit wörtlich vorgelesen wird, als in ihm die gleichartige Tatausführung, welche die Merkmale des jeweiligen Straftatbestands erfüllt, beschrieben und die Gesamtzahl der Taten,

---

52 *Fischer* StGB vor § 52 Rn. 48.
53 BGH NStZ 1994, 494 f.
54 BGH NStZ 1994, 493 f.
55 BGH NStZ 1995, 92 = StV 1995, 84 f.
56 *Fischer* StGB vor § 52 Rn. 49.
57 BGH NStZ 1994, 502; 2005, 282 (283) und NStZ 2007, 354; JuS 2006, 857 (858).
58 BGH NStZ 1999, 42 (43).

der Tatzeitraum sowie bei Vermögensdelikten der Gesamtschaden bestimmt sind. Einer Verlesung der näheren individualisierenden tatsächlichen Umstände der Einzeltaten oder der Einzelakte bedarf es in diesem Fall nicht.[59]

2. Grundsatz: Ist eine genaue Konkretisierung der Taten nicht möglich (Tatort oder/und **171** Tatbegehung sind unbekannt), muss wenigstens eine zeitliche Eingrenzung vorgenommen werden (zB »Vom 15.1.2021 bis zum 24.2.2021 fuhr der Angeschuldigte dreimal mit seinem Pkw ...«). Lassen sich auch insoweit keine genauen Feststellungen mehr treffen, ist nach dem Zweifelsgrundsatz von *Mindestzahlen* auszugehen.[60]

f) Täterschaft durch Unterlassen

»Der Angeschuldigte befuhr am 5.2.2021 gegen 16 Uhr mit seinem Pkw BMW 116i, amtliches **172** Kennzeichen AB-C 85, die Staatsstraße 16 zwischen Aschaffenburg und Großwallstadt. Obwohl die Höchstgeschwindigkeit 100 km/h betrug, fuhr er mit einer Geschwindigkeit von 120 km/h. Bei km 37,5 erfasste er mit seinem Fahrzeug aus Unachtsamkeit den mit seinem Kleinkraftrad in derselben Richtung fahrenden Otto Kaiser und schleuderte ihn zur Seite. Auch bei Einhaltung der vorgeschriebenen Höchstgeschwindigkeit von 100 km/h hätte der Angeschuldigte den Unfall weder durch eine Vollbremsung noch durch kräftigeres Lenken nach links vermeiden können. Der Angeschuldigte hielt daraufhin seinen Pkw an, stieg aus und bemerkte den stark blutenden und schwer verletzten Otto Kaiser, der im Straßengraben lag. Obwohl der Angeschuldigte die schweren Verletzungen des Otto Kaiser erkannte und auch wusste, dass er dringend Hilfe benötigte, kümmerte er sich nicht um ihn, sondern fuhr mit seinem Pkw nach Hause. Dem Angeschuldigten war beim Verlassen der Unfallstelle bewusst, dass der Verletzte sterben würde, wenn ihm nicht geholfen würde. Tatsächlich verblutete Otto Kaiser nach etwa 30 Minuten; bei sofortiger ärztlicher Hilfe hätte sein Leben gerettet werden können.
Der Angeschuldigte hat sich durch sein Verhalten als ungeeignet zum Führen von Kraftfahrzeugen erwiesen. In der Hauptverhandlung ist mit dem Entzug der Fahrerlaubnis, der Einziehung des Führerscheins und der Anordnung einer Sperrfrist für die Wiedererteilung einer Fahrerlaubnis zu rechnen.[61]
Der Angeschuldigte wird daher beschuldigt, durch Unterlassen einen Menschen getötet zu haben, ohne Mörder zu sein
und durch die gleiche Handlung
sich als Unfallbeteiligter nach einem Unfall im Straßenverkehr vom Unfallort entfernt zu haben, bevor er eine nach den Umständen angemessene Zeit gewartet hat, ohne dass jemand bereit war, Feststellungen zu treffen,
strafbar als
Totschlag durch Unterlassen in Tateinheit mit unerlaubtem Entfernen vom Unfallort
nach §§ 212 I, 142 I Nr. 2, 13, 52, 69, 69a StGB.«

g) Wahlfeststellung

aa) Gleichartige Wahlfeststellung

»In einem Strafverfahren gegen Anton Huber wegen vorsätzlichen Fahrens ohne Fahrerlaubnis **173** vor dem Amtsgericht Aschaffenburg (Ds 104 Js 736/20) sagte der Angeschuldigte in der Hauptverhandlung am 18.1.2021 unter Eid aus, dass Anton Huber zum Tatzeitpunkt am 3.12.2020 in Japan in Urlaub gewesen sei. In der Berufungshauptverhandlung vor dem Landgericht Aschaffen-

---

59 BGH NStZ 2011, 297 ff.; *Zschokelt* NStZ 1994, 361 ff.
60 BGH NStZ 1994, 350 f.: In dieser Entscheidung hat der BGH als Tatzeitraum im Anklagesatz »von August 1990 bis April 1991« für ausreichend erachtet, weil sich der Anklage noch entnehmen lasse, von welcher *Höchstzahl* einzelner Taten die Staatsanwaltschaft ausgegangen sei; dies könne man nämlich aus dem Inhalt des wesentlichen Ergebnisses der Ermittlungen ersehen. Gegen diese Entscheidung bestehen aber erhebliche Bedenken unter dem Gesichtspunkt des § 170 I StPO. Denn die Aufnahme einer Höchstzahl in die Anklageschrift würde bedeuten, dass ein unter der Schwelle des »hinreichenden Tatverdachts« liegender Verdacht für eine Anklage ausreichend wäre; s. auch *Grimma* NStZ 1994, 591 (592); *Helmhagen* JA 1994, 363 ff.; zur zeitlichen Konkretisierung von Taten vgl. auch BGH NStZ 1999, 208 (209); 2014, 49 f.
61 → Rn. 141 und § 69 II Nr. 3 StGB.

burg beschwor der Angeschuldigte am 29.3.2021 jedoch, dass er nicht wisse, wo sich Anton Huber am 3.12.2020 aufgehalten habe. Eine der beiden sich widersprechenden Aussagen ist falsch.
Der Angeschuldigte wird daher beschuldigt,
vor Gericht falsch geschworen zu haben,
strafbar als
Meineid
nach § 154 I StGB.«

bb) Ungleichartige Wahlfeststellung

174 Die Anklage hat bei der ungleichartigen (echten) Wahlfeststellung alle in Betracht kommenden Sachverhaltsmöglichkeiten und Delikte aufzunehmen.

»Der Angeschuldigte begab sich am 4.2.2021 gegen 15 Uhr in das Fotogeschäft Müller in der Sanderstraße 16 in Aschaffenburg und entwendete dort in einem unbeobachteten Augenblick eine Videokamera der Marke Sony im Wert von 870 EUR
oder
kaufte am 5.2.2021 um 22 Uhr am Bahnhof in Aschaffenburg für 250 EUR die genannte Kamera von einem Unbekannten an, von dem er wusste, dass er die Videokamera im Fotogeschäft Müller entwendet hatte.
Der Angeschuldigte wird daher beschuldigt, eine fremde bewegliche Sache einem anderen in der Absicht weggenommen zu haben, dieselbe sich rechtswidrig zuzueignen
oder
eine Sache, die ein anderer gestohlen hat, angekauft zu haben, um sich zu bereichern,
strafbar als
Diebstahl oder Hehlerei
nach § 242 I StGB oder § 259 I StGB.«

h) Versuch

175 »Der Angeschuldigte ist Eigentümer des Pkw Audi A4, amtliches Kennzeichen AB-ME 45. Am 31.1.2021 gegen 22 Uhr erlitt er mit diesem Fahrzeug einen Totalschaden, indem er auf der B 26 zwischen Aschaffenburg und Dieburg aus eigenem Verschulden von der Fahrbahn abkam, sich mehrmals überschlug und schließlich in einem Acker zum Stehen kam. Der Angeschuldigte hatte am Morgen des 1.2.2021 die Idee, den Pkw bei der Polizei als gestohlen zu melden und anschließend den Schaden von seiner Teilkaskoversicherung ersetzt zu erhalten. Nachdem er in Verfolgung dieses Entschlusses am 1.2.2021 den angeblichen Diebstahl bei der Polizeiinspektion Aschaffenburg-Land gemeldet hatte, machte er mit Schreiben vom gleichen Tag bei seiner Teilkaskoversicherung, der Allianz in Würzburg, unter Beifügung des polizeilichen Protokolls einen Schaden in Höhe von 8.000 EUR geltend. Er gab in diesem Schreiben wahrheitswidrig an, dass ihm der Pkw in der Nacht vom 31.1.2021 auf den 1.2.2021 vor seiner Wohnung in der Goethestraße 25 in Aschaffenburg von einem Unbekannten gestohlen worden sei. Dieses Schreiben ging bei der Versicherung am 5.2.2021 ein. Die Versicherung zahlte in der Folgezeit nicht den geltend gemachten Betrag an den Angeschuldigten aus, weil die Polizei den wahren Sachverhalt ermittelt und dies der Allianz mitgeteilt hatte.
Der Angeschuldigte wird daher beschuldigt,
wider besseres Wissen einer zur Entgegennahme von Anzeigen zuständigen Stelle vorgetäuscht zu haben, dass eine rechtswidrige Tat begangen worden sei
und durch eine weitere selbstständige Handlung
versucht zu haben, in der Absicht, sich einen rechtswidrigen Vermögensvorteil zu verschaffen, das Vermögen eines anderen dadurch beschädigt zu haben, dass er durch Vorspiegelung falscher Tatsachen einen Irrtum erregte,
strafbar als
Vortäuschen einer Straftat und versuchter Betrug
nach §§ 145d I Nr. 1, 263 I, II, 22, 23 I, 53 StGB.«

i) Anstiftung

»Der Angeschuldigte hatte mit seinem Arbeitskollegen Peter Held seit längerer Zeit Streitig- 176
keiten. Am 10.3.2021 gegen 20 Uhr veranlasste er in der Gaststätte »Zur Post« in der Hauptstraße 50 in Aschaffenburg seinen Freund Heinrich Postner, seinen Arbeitskollegen durch
gezielte Schläge in das Gesicht zu verletzen. Sein Freund Heinrich Postner erklärte sich dazu
bereit und lauerte am 12.3.2021 gegen 22 Uhr dem Peter Held im Eulenweg in Aschaffenburg
auf. Dort schlug er ihn mehrmals mit der Faust in das Gesicht, wodurch Peter Held mehrere
Platzwunden und eine Gehirnerschütterung erlitt.
Der geschädigte Peter Held hat am 16.3.2021 Strafantrag gestellt; im Übrigen bejaht die Staatsanwaltschaft auch das besondere öffentliche Interesse an der Strafverfolgung.
Der Angeschuldigte wird daher beschuldigt,
vorsätzlich einen anderen dazu bestimmt zu haben, einen anderen vorsätzlich körperlich zu
misshandeln,
strafbar als
Anstiftung zur vorsätzlichen Körperverletzung
nach §§ 223, 230 I, 26 StGB.«

j) Beihilfe

»Der anderweitig verfolgte Otto Schwarz teilte am 28.1.2021 dem mit ihm befreundeten 177
Angeschuldigten mit, er wolle am Abend des 29.1.2021 in das Lebensmittelgeschäft »Kaiser« in
der Augasse 7 in Aschaffenburg einbrechen und dort das Geld aus der Kasse entwenden. Er habe
allerdings Bedenken, die Tat ohne Hilfe eines anderen auszuführen, weil er befürchte, entdeckt
zu werden. Beide kamen daraufhin überein, dass der Angeschuldigte vor dem Lebensmittelgeschäft »Schmiere« stehen solle, damit Otto Schwarz die Tat ungestört ausführen könne; der
Angeschuldigte wollte damit seinem Freund einen Hilfsdienst erweisen. Am 29.1.2021 gegen
23.30 Uhr wurde die Tat wie geplant ausgeführt. Während der Angeschuldigte vor dem Lebensmittelgeschäft »Kaiser« aufpasste, drang Otto Schwarz mit einem Brecheisen in das Lebensmittelgeschäft ein und entwendete aus der Kasse insgesamt 2.500 EUR. Das Geld behielt er für
sich.
Der Angeschuldigte wird daher beschuldigt,
vorsätzlich einem anderen Hilfe geleistet zu haben, fremde bewegliche Sachen einem anderen in
der Absicht wegzunehmen, dieselben sich rechtswidrig zuzueignen, wobei zur Ausführung der
Tat in ein Gebäude eingebrochen worden ist,
strafbar als
Beihilfe zum Diebstahl (oder wie häufig in der Praxis üblich: Beihilfe zum Diebstahl in einem
besonders schweren Fall)
nach §§ 242 I, 243 I 2 Nr. 1, 27 I StGB.«

III. Wesentliches Ergebnis der Ermittlungen (§ 200 II StPO; Nr. 110 II g, 112 RiStBV)

Die Darstellung des wesentlichen Ergebnisses der Ermittlungen dient in erster Linie dazu, 178
den Angeschuldigten über die Beweislage aufzuklären. Sie soll außerdem dem Gericht die
Durchführung der Hauptverhandlung, insbesondere die Beweisaufnahme, erleichtern und
eine vollständige Beurteilung der Tat und der Person des Angeschuldigten ermöglichen.

Nach § 200 II 1 StPO *muss* in der Anklageschrift das wesentliche Ergebnis der Ermittlungen 179
dargestellt werden. Allerdings *kann* davon nach § 200 II 2 StPO abgesehen werden, wenn
Anklage beim Strafrichter erhoben wird. Davon sollte in der Klausur auch Gebrauch
gemacht werden.

»Der Angeschuldigte hat sich dahingehend eingelassen, er sei zum fraglichen Zeitpunkt gar nicht 180
in Aschaffenburg, sondern bei seiner Schwester in Hamburg gewesen, den Diebstahl habe er
somit nicht begehen können. In der Hauptverhandlung wird er durch die Angaben der Zeugen

> Huber und Schwarz überführt werden, die beide den Angeschuldigten zum Tatzeitpunkt in Aschaffenburg gesehen haben.
> Der Angeschuldigte ist nicht vorbestraft
> (oder: Der Angeschuldigte ist wie folgt einschlägig vorbestraft:
> 1. Urteil des AG Nürnberg vom ...
> 2. Urteil des AG Koblenz vom ...)«.

181 Grundsätzlich gilt: Je umfangreicher und schwieriger der Fall ist, umso gründlicher muss auch das »Wesentliche Ergebnis der Ermittlungen« ausfallen. In diesen Fällen (vor allem bei Kapitalverbrechen = Anklage zum Schwurgericht, § 74 II GVG) ist wie folgt zu gliedern:

> 1. Person und Vorleben des Angeschuldigten
> 2. Vorgeschichte der Tat
> 3. Darstellung der Tat selbst
> 4. Tatfolgen und Ereignisse nach der Tat
> 5. Einlassung des Angeschuldigten
> 6. Würdigung der Beweise
> 7. Etwaige Rechtsfragen[62]

IV. Zuständiges Gericht

182 Nach dem wesentlichen Ergebnis der Ermittlungen folgt zunächst die Bezeichnung des zuständigen Gerichts, § 200 I 2 StPO. Dabei werden die Vorschriften des GVG, der StPO, des JGG und etwaiger anderer Gesetze hinzugefügt, aus denen sich die sachliche und örtliche Zuständigkeit ergibt.[63]

> »Zur Aburteilung ist das Landgericht Würzburg – Große Strafkammer – zuständig (§§ 24, 74, 76 GVG; §§ 7, 8 StPO).«

V. Anträge

183 In jede Anklageschrift müssen die folgenden zwei Anträge aufgenommen werden:

> »Ich beantrage
> 1. das Hauptverfahren zu eröffnen und die Anklage zur Hauptverhandlung vor dem Amtsgericht Aschaffenburg – Schöffengericht – zuzulassen,[64]
> 2. einen Termin zur Hauptverhandlung anzuberaumen.«[65]

184 Wenn es die Sachlage erfordert, gehören hierher *weitere* Anträge, wie zB
- Vorläufige Entziehung der Fahrerlaubnis, § 111a StPO,
- Anordnung der Fortdauer der Untersuchungshaft, § 207 IV StPO,
- Bestellung eines Pflichtverteidigers, § 140 StPO,
- Verbindung mit einer anderen Sache, § 237 StPO.

---

62 **Hinweis:** Im allg. werden rechtliche Ausführungen in dem wesentlichen Ergebnis der Ermittlungen nicht gemacht. Sie gehören aber hinein, wenn die rechtliche Beurteilung sich nicht ohne Weiteres aus der Darstellung des Sachverhalts erkennen lässt oder wenn es sich um Streitfragen von wesentlicher Bedeutung handelt, zB Abgrenzung Mord – Totschlag oder Verjährungsfragen, Meyer-Goßner/Schmitt/*Schmitt* StPO § 200 Rn. 19. In der Klausur kommt es hauptsächlich darauf an, dass die rechtlichen Ausführungen vorhanden sind, wobei es grundsätzlich nicht von entscheidender Bedeutung ist, ob sie in einem Vermerk in der Verfügung, im wesentlichen Ergebnis der Ermittlungen oder im Hilfsgutachten gemacht werden. Mehr praktisches Geschick zeigt aber dann doch derjenige, der diese Problematik aktenkundig macht und deshalb nicht im Hilfsgutachten erörtert.

63 → Rn. 89 ff.

64 §§ 203, 207 StPO; Nr. 110 III RiStBV.

65 § 203 StPO.

»Ich beantrage 185

1. das Hauptverfahren zu eröffnen und die Anklage zur Hauptverhandlung vor dem Amtsgericht Aschaffenburg – Schöffengericht – zuzulassen,

2. die Fortdauer der Untersuchungshaft des Angeschuldigten anzuordnen, da die Haftgründe fortbestehen; Ablauf der in § 121 II StPO bezeichneten Frist: 12.2.2021[66]

3. dem Angeschuldigten einen Verteidiger zu bestellen, da ein Fall der notwendigen Verteidigung nach § 140 I Nr. 2 StPO vorliegt,

4. einen Termin zur Hauptverhandlung anzuberaumen.«

VI. Beweismittel (§ 200 I 2 StPO; Nr. 111 RiStBV)

Die Beweismittel werden üblicherweise in folgender Reihenfolge angegeben: 186

a) Zeugen

b) Sachverständige

c) Urkunden

d) Sonstige Beweismittel

Bei den Zeugen und Sachverständigen müssen die ladungsfähigen Anschriften (nicht die 187 großen Personalien wie zu Beginn des Anklagesatzes!) angegeben werden; bei Zeugen, die Wahrnehmungen in amtlicher Eigenschaft gemacht haben (also vor allem Polizeibeamte), reicht die Angabe der Dienststelle aus, §§ 200 I 3, 68 I 2 StPO.

Nach Nr. 111 RiStBV soll der Staatsanwalt nur die Beweismittel aufführen, die für die 188 Aufklärung des Sachverhalts und für die Beurteilung der Persönlichkeit des Angeschuldigten wesentlich sind. Deshalb genügt von mehreren Zeugen, die über denselben Vorgang im Ermittlungsverfahren übereinstimmend ausgesagt haben, der zuverlässigste, Nr. 111 II RiStBV. Kann dieser Zeuge aber nicht einwandfrei festgestellt werden (was häufig der Fall ist, weil der Staatsanwalt die Zeugen nicht selbst vernommen hat), müssen sämtliche in Betracht kommende Zeugen angegeben werden.

In Klausuren liegt vielfach ein Geständnis des Beschuldigten vor. Reicht dieses Geständnis 189 zur vollständigen Beurteilung der Tat, auch der Strafbemessung, voraussichtlich aus, kann auf die Benennung von Zeugen in der Anklageschrift verzichtet werden, Nr. 111 IV RiStBV. Eine andere Möglichkeit ist, die Zeugen zwar einzeln zu benennen, danach aber anzufügen:

»In Anbetracht des Geständnisses des Angeschuldigten wird auf die Ladung der genannten Zeugen vorläufig verzichtet.«

»Als Beweismittel bezeichne ich: 190

1. Zeugen:
   a) Hans Müller, Bergstr. 25, 63736 Aschaffenburg
   b) KHK Günther Huber, Polizeidirektion Aschaffenburg

2. Sachverständiger:
   Dr. Stefan Goldmann, rechtsmedizinisches Institut der Universität Würzburg, Domstr. 4, 97070 Würzburg

3. Urkunden:
   a) Auszug aus dem Bundeszentralregister
   b) Urteil des AG Regensburg vom 30.3.2021 (3 Ls 15 Js 627/21)

4. Sonstige Beweismittel:
   Perlenkette, asserviert unter Nr. 46/21 Staatsanwaltschaft Aschaffenburg.«

---

66 Nr. 110 IV 2 RiStBV.

VII. Abschluss

191 Den Abschluss der Anklageschrift bildet nicht der Zuleitungsvermerk an das Gericht, weil dieser bereits in der Begleitverfügung zur Anklageschrift enthalten ist.[67]

192 Abschließend folgen nur der Ort, das Datum und die Unterschrift des Staatsanwalts.

D. Muster für Anklageschriften

I. Bayerische Fassung

193

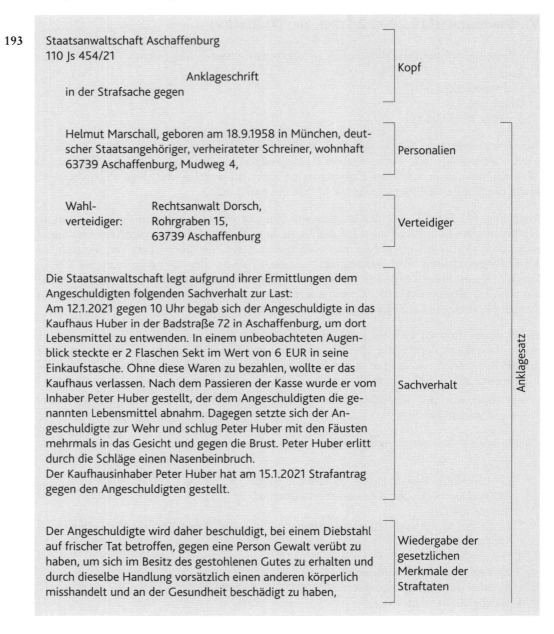

Staatsanwaltschaft Aschaffenburg 110 Js 454/21 Anklageschrift in der Strafsache gegen	Kopf
Helmut Marschall, geboren am 18.9.1958 in München, deutscher Staatsangehöriger, verheirateter Schreiner, wohnhaft 63739 Aschaffenburg, Mudweg 4,	Personalien
Wahl-verteidiger: Rechtsanwalt Dorsch, Rohrgraben 15, 63739 Aschaffenburg	Verteidiger
Die Staatsanwaltschaft legt aufgrund ihrer Ermittlungen dem Angeschuldigten folgenden Sachverhalt zur Last: Am 12.1.2021 gegen 10 Uhr begab sich der Angeschuldigte in das Kaufhaus Huber in der Badstraße 72 in Aschaffenburg, um dort Lebensmittel zu entwenden. In einem unbeobachteten Augenblick steckte er 2 Flaschen Sekt im Wert von 6 EUR in seine Einkaufstasche. Ohne diese Waren zu bezahlen, wollte er das Kaufhaus verlassen. Nach dem Passieren der Kasse wurde er vom Inhaber Peter Huber gestellt, der dem Angeschuldigten die genannten Lebensmittel abnahm. Dagegen setzte sich der Angeschuldigte zur Wehr und schlug Peter Huber mit den Fäusten mehrmals in das Gesicht und gegen die Brust. Peter Huber erlitt durch die Schläge einen Nasenbeinbruch. Der Kaufhausinhaber Peter Huber hat am 15.1.2021 Strafantrag gegen den Angeschuldigten gestellt.	Sachverhalt
Der Angeschuldigte wird daher beschuldigt, bei einem Diebstahl auf frischer Tat betroffen, gegen eine Person Gewalt verübt zu haben, um sich im Besitz des gestohlenen Gutes zu erhalten und durch dieselbe Handlung vorsätzlich einen anderen körperlich misshandelt und an der Gesundheit beschädigt zu haben,	Wiedergabe der gesetzlichen Merkmale der Straftaten

(Anklagesatz)

---

67 → Rn. 99.

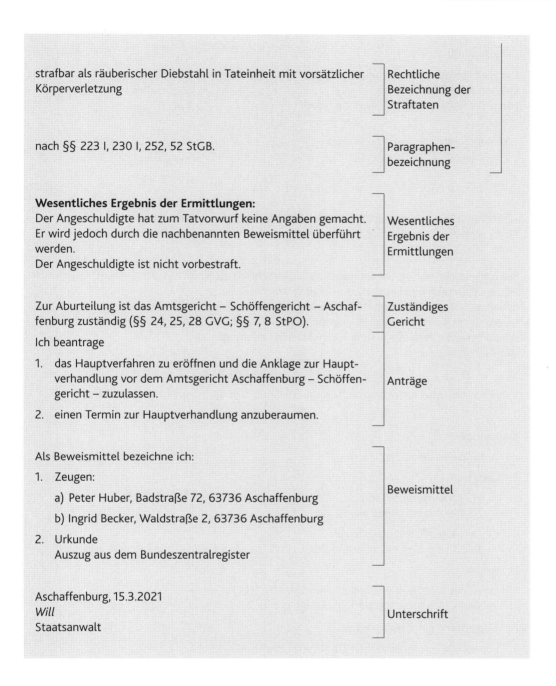

strafbar als räuberischer Diebstahl in Tateinheit mit vorsätzlicher Körperverletzung

> Rechtliche Bezeichnung der Straftaten

nach §§ 223 I, 230 I, 252, 52 StGB.

> Paragraphenbezeichnung

Wesentliches Ergebnis der Ermittlungen:
Der Angeschuldigte hat zum Tatvorwurf keine Angaben gemacht. Er wird jedoch durch die nachbenannten Beweismittel überführt werden.
Der Angeschuldigte ist nicht vorbestraft.

> Wesentliches Ergebnis der Ermittlungen

Zur Aburteilung ist das Amtsgericht – Schöffengericht – Aschaffenburg zuständig (§§ 24, 25, 28 GVG; §§ 7, 8 StPO).

> Zuständiges Gericht

Ich beantrage

1. das Hauptverfahren zu eröffnen und die Anklage zur Hauptverhandlung vor dem Amtsgericht Aschaffenburg – Schöffengericht – zuzulassen.

2. einen Termin zur Hauptverhandlung anzuberaumen.

> Anträge

Als Beweismittel bezeichne ich:

1. Zeugen:

   a) Peter Huber, Badstraße 72, 63736 Aschaffenburg

   b) Ingrid Becker, Waldstraße 2, 63736 Aschaffenburg

2. Urkunde
   Auszug aus dem Bundeszentralregister

> Beweismittel

Aschaffenburg, 15.3.2021
Will
Staatsanwalt

> Unterschrift

II. Zu der in den anderen Bundesländern überwiegend üblichen Form (vgl. *Kroiß/Neurauter* FormB Rechtspflege Nr. 36 – Anmerkungen)

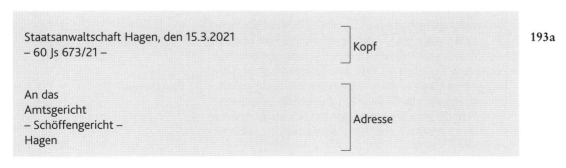

Staatsanwaltschaft Hagen, den 15.3.2021
– 60 Js 673/21 –

> Kopf

193a

An das
Amtsgericht
– Schöffengericht –
Hagen

> Adresse

Anklageschrift

Die Hausgehilfin Alwine Schlömer,
geb. am 3.9.1955 in Berlin,
wohnhaft Kirchstr. 4, 51647 Gummersbach
ledig,

Personalien (wer?)

wird angeklagt

am 16.1.2021 in Hagen

Tatzeit/Tatort (wann?, wo?)

eine fremde bewegliche und ihr anvertraute Sache, die sie in Besitz hatte, sich rechtswidrig zugeeignet zu haben.

gesetzliche Merkmale der Straftat (was?)

Die Angeschuldigte war bei der Hausfrau Gisela Schmitz als Hausgehilfin tätig und besaß deren volles Vertrauen. Daher erhielt sie von Gisela Schmitz leihweise eine echte Perlenkette, die sie tragen durfte, wenn sie tanzen ging. Am 16.1.2021 schenkte sie die Perlenkette ihrer Freundin Helga Münzinger zum Geburtstag.

Konkretisierung (= Tat) (wie?)

Vergehen der Unterschlagung, strafbar nach § 246 I, II StGB.

gesetzliche Vorschrift

Beweismittel:

I. Angaben der Angeschuldigten

II. Zeugen:

1. Hausfrau Gisela Schmitz,
   58089 Hagen, Kiefernweg 5,

2. Verkäuferin Helga Münzinger,
   58642 Iserlohn, Hauptstraße 156.

III. Urkunde:

Urteil des Schöffengerichts Köln vom 17.9.2020 (Bl. 54 d. Beiakten 22 Ls 16 Js 1200/20 StA Köln).

IV. Gegenstand des Augenscheins:

Perlenkette – asserviert unter Lü-Nr. 812/21 StA Hagen –.

Beweismittel

Ermittlungsergebnis

Wesentliches Ergebnis der Ermittlungen

Die Angeschuldigte wuchs in Gummersbach auf und besuchte dort die Volksschule, ohne danach einen Beruf zu erlernen. Nach mehreren Arbeitsverhältnissen – vorwiegend in Fabriken – ist sie seit etwa 5 Jahren als Hausgehilfin tätig. Sie ist bereits einschlägig bestraft: Wegen Unterschlagung eines Brilliantringes wurde sie vom Schöffengericht in Köln am 17.9.2020 (22 Ls 16 Js 1200/20 StA Köln) zu einer Freiheitsstrafe von 3 Monaten unter Strafaussetzung zur Bewährung verurteilt.

zur Person

Die Angeschuldigte war seit Anfang 2020 bei der Zeugin Schmitz und deren Ehemann als Hausgehilfin tätig. Da sie ihre Arbeit stets zur Zufriedenheit verrichtete, wurde sie sehr großzügig behandelt. So stellte die Zeugin Schmitz beispielsweise der Angeschuldigten ihre echte Perlenkette, die einen Wert von ca. 500 EUR hatte, zur Verfügung. Die Angeschuldigte durfte die Kette tragen, wenn sie Tanzveranstaltungen besuchte; sonst verwahrte sie den Schmuck in ihrem Zimmer.

Nach der Anschaffung aufwändiger Garderobe befand sich die Angeschuldigte im Sommer 2020 in Geldschwierigkeiten. Als sie von ihrer Freundin Helga Münzinger zur Feier deren 50. Geburtstages eingeladen wurde, verfügte sie nicht über die erforderlichen Mittel, das beabsichtigte aufwändige Geschenk zu kaufen. Sie nutzte einen am 1.1.2021 beginnenden zweimonatigen Auslandsaufenthalt der Zeugin Schmitz aus, um die Perlenkette am 16.1.2021 an die Zeugin Helga Münzinger zu verschenken.

zur Sache

Die Angeschuldigte bestreitet die ihr zur Last gelegte Tat. Sie lässt sich dahin ein, die Perlenkette müsse, falls die Zeugin Schmitz sie nicht nach Urlaubsrückkehr an sich genommen habe, von einem Unbekannten aus ihrem Zimmer gestohlen worden sein; sie habe die Kette jedenfalls nicht verschenkt.

Einlassung

Diese Sachdarstellung wird widerlegt durch die Aussagen der Zeugin Münzinger und Schmitz. Die Zeugin Münzinger bekundet, sie habe die bei ihr sichergestellte Perlenkette als Geschenk von der Angeschuldigten erhalten. Die Zeugin Schmitz bestätigt, es handele sich bei der sichergestellten Kette, deren Schloss in einprägsamer Weise mit Rubinen besetzt ist, um das ihr gehörende Schmuckstück, das sie der Angeschuldigten geliehen habe.

Beweiswürdigung

Es wird beantragt, das Hauptverfahren zu eröffnen.

Antrag

gez. Zenker
Staatsanwalt

Unterschrift

Ermittlungsergebnis

4. Kapitel. Strafbefehlsantrag

A. Abgrenzung zur Anklage

Das in den §§ 407–412 StPO geregelte Strafbefehlsverfahren ist ein summarisches Strafverfahren, das eine einseitige Straffestsetzung ohne Hauptverhandlung und Urteil ermöglicht. Beim »erlassenen« Strafbefehl handelt es sich um ein Schreiben des Gerichts an den Angeschuldigten, mit dem diesem vor allem der »strafbare« Sachverhalt mitgeteilt, die gesetzliche Grundlage für die Bestrafung genannt und – im Unterschied zur Anklageschrift – die Strafe festgesetzt wird. Weil es um ein Schreiben an den Angeschuldigten geht, wird der Strafbefehl (ebenfalls anders als die Anklageschrift) in der persönlichen Anrede gehalten. Daher beantragt der Staatsanwalt bei Gericht ein solches Anschreiben an den Angeschuldigten. Obwohl das Gericht der Adressat für den Strafbefehlsantrag der Staatsanwaltschaft ist, formuliert diese aus Gründen der Vereinfachung und Beschleunigung des Geschäftsgangs nach Nr. 176 RiStBV ihren Antrag bereits in der Form, in der der Strafbefehl dann vom Gericht an den Angeschuldigten mitgeteilt werden soll. So wird verständlich, warum der Strafbefehlsantrag des Staatsanwalts, obwohl er nicht unmittelbar an den Angeschuldigten gerichtet ist, dennoch in Form eines Anschreibens an den Angeschuldigten abgefasst wird.[1]

194

B. Zulässigkeit

I. Hinreichender Tatverdacht

Der Strafbefehlsantrag der Staatsanwaltschaft stellt eine besondere Form der Erhebung der öffentlichen Klage nach § 407 I 4 StPO dar. Dieser setzt wie die Anklageerhebung einen hinreichenden Tatverdacht für eine verfolgbare Straftat voraus.

195

II. Hauptverhandlung nicht erforderlich

Weitere Voraussetzung nach § 407 I 2 StPO ist, dass die Staatsanwaltschaft nach dem Ermittlungsergebnis eine Hauptverhandlung nicht für erforderlich erachtet. Daran fehlt es, wenn Gründe vorliegen, die den Richter veranlassen können, entgegen dem Antrag keinen Strafbefehl zu erlassen, sondern Hauptverhandlung anzuberaumen. Gründe hierfür können in der Bedeutung einer Sache liegen. Aber auch wenn sich der Richter einen persönlichen Eindruck vom Angeschuldigten verschaffen will, wird er Hauptverhandlung festsetzen.[2]

196

Ansonsten soll die Staatsanwaltschaft von einem Strafbefehlsantrag nur absehen, wenn die vollständige Aufklärung aller für die Rechtsfolgenbestimmung wesentlichen Umstände oder Gründe der Spezial- oder Generalprävention die Durchführung einer Hauptverhandlung geboten erscheinen lassen. Auf einen Strafbefehlsantrag ist nicht schon deswegen zu verzichten, weil ein Einspruch des Angeschuldigten zu erwarten ist, Nr. 175 III RiStBV.[3]

197

---

1 *Kroiß/Neurauter* FormB Rechtspflege Nr. 35.
2 Meyer-Goßner/Schmitt/*Schmitt* StPO § 407 Rn. 9, § 408 Rn. 12.
3 **Hinweis:** § 407 I 2 StPO steht auch im wohlverstandenen Interesse des Beschuldigten, der durch das Strafbefehlsverfahren von den Belastungen einer Hauptverhandlung verschont bleibt. Diese Vorschrift gibt ihm aber keinen Anspruch darauf, dass gegen ihn nur ein Strafbefehl beantragt und keine Anklage erhoben wird. Sie berechtigt auch nicht das Gericht, eine Anklage mit dieser Begründung abzulehnen, denn sie richtet sich lediglich an die Staatsanwaltschaft; KK-StPO/*Maur* § 407 Rn. 5.

III. Sachliche Zuständigkeit des Gerichts

198 Im Verfahren vor dem Strafrichter und im Verfahren, das zur Zuständigkeit des Schöffengerichts gehört, können bei *Vergehen* (nicht Verbrechen!) auf schriftlichen Antrag der Staatsanwaltschaft die Rechtsfolgen der Tat durch schriftlichen Strafbefehl ohne Hauptverhandlung festgesetzt werden, § 407 I 1 StPO. Die Zuständigkeit des Schöffengerichts hat jetzt keine Bedeutung mehr, weil durch Strafbefehl höchstens eine Freiheitsstrafe bis zu einem Jahr, deren Vollstreckung zur Bewährung ausgesetzt wird, verhängt werden kann, § 407 II 2 StPO. Dafür ist aber nach § 25 Nr. 2 GVG in allen Fällen der Strafrichter zuständig. Stellt sich die Tat nach Rechtskraft des Strafbefehls als *Verbrechen* heraus, kann das Verfahren unter den Voraussetzungen des § 373a StPO zuungunsten des Verurteilten wieder aufgenommen werden (vgl. § 410 III StPO).

IV. Festsetzung der Rechtsfolgen

199 Durch Strafbefehl dürfen nur folgende, abschließend in § 407 II StPO aufgezählte, Rechtsfolgen verhängt werden:
- Geldstrafe, Verwarnung mit Strafvorbehalt, Fahrverbot, Einziehung, Vernichtung, Unbrauchbarmachung, Bekanntgabe der Verurteilung und Geldbuße gegen eine juristische Person oder Personenvereinigung;
- Entziehung der Fahrerlaubnis, bei der die Sperre nicht mehr als zwei Jahre beträgt;
- Verbot des Haltens oder Betreuens von sowie des Handels oder des sonstigen berufsmäßigen Umgangs mit Tieren jeder oder einer bestimmten Art für die Dauer von einem Jahr bis zu drei Jahren;
- Absehen von Strafe und
- Freiheitsstrafe bis zu einem Jahr, deren Vollstreckung zur Bewährung ausgesetzt wird, wenn der Angeschuldigte einen Verteidiger hat.

200 In der Klausur ist immer dann statt einer Anklageschrift ein Strafbefehlsantrag zu fertigen, wenn dies ausdrücklich verlangt wird oder in der Praxis eine Anklageschrift auf völliges Unverständnis stoßen würde, so zB wenn dem nicht vorbestraften und geständigen Beschuldigten eine fahrlässige Trunkenheit im Verkehr nach § 316 I, II StGB oder fahrlässige Körperverletzung nach §§ 229, 230 I 1 StGB zur Last gelegt wird. Häufig sind aber in einer Klausur beide Wege gleichermaßen gangbar. Für diesen Fall ist davor zu warnen, den Strafbefehlsantrag als den »leichteren« zu wählen. Der Strafbefehlsantrag ist umfangreicher als eine Anklageschrift, weil auch noch die Festsetzung der Strafe und eine umfangreiche Rechtsmittelbelehrung erforderlich sind. Erfahrungsgemäß haben gerade Referendare mit dem Strafzumessungsrecht[4] große Schwierigkeiten. Hinsichtlich der Rechtsmittelbelehrung besteht in den Bundesländern, in denen die Formularsammlung *Kroiß/Neurauter* zugelassenes Hilfsmittel ist, die Möglichkeit, bei der Rechtsmittelbelehrung zu schreiben: »Einsetzen wie …«. Bestehen also in einer Klausur beide Möglichkeiten, ist es regelmäßig ratsam, von einem Strafbefehlsantrag abzusehen und eine Anklageschrift zu fertigen.[5]

C. Inhalt des Strafbefehlsantrags

201 Den notwendigen Inhalt des Strafbefehls und damit auch des Strafbefehlsantrags umschreibt § 409 I StPO. Hinsichtlich des Inhalts des Strafbefehlsantrags entspricht § 409 I Nr. 1–5 StPO dem, was nach § 200 I 1 und 2 StPO Inhalt der Anklageschrift ist. Ein »Wesentliches Ergebnis der Ermittlungen« ist im Unterschied zur Anklageschrift nicht vorgesehen. Dafür müssen der Strafbefehlsantrag und der Strafbefehl im Gegensatz zur Anklageschrift nach § 409 I Nr. 6 StPO die Festsetzung der Rechtsfolgen enthalten, also den konkreten Antrag

---

4 Hierzu *Brunner/v. Heintschel-Heinegg*, Staatsanwaltlicher Sitzungsdienst, 16. Aufl. 2021, Kap. 3 Rn. 13 ff.
5 So auch *Joachimski/Haumer* StrafverfahrensR 105, 106.

auf Verhängung einer Geld- oder Freiheitsstrafe bis zu 1 Jahr, wenn deren Vollstreckung zur Bewährung ausgesetzt wird, § 407 II StPO.

> »Auf Antrag der Staatsanwaltschaft wird gegen Sie eine Geldstrafe von 40 Tagessätzen zu je 30 EUR verhängt.«[6] Die Fahrerlaubnis wird Ihnen entzogen. Ihr Führerschein wird eingezogen. Vor Ablauf von 8 Monaten darf die Verwaltungsbehörde Ihnen keine neue Fahrerlaubnis erteilen.[7]

oder bei Diebstahl in Tatmehrheit mit Urkundenfälschung:

> »Auf Antrag der Staatsanwaltschaft wird gegen Sie eine Gesamtgeldstrafe von 70 Tagessätzen (Einzelstrafen für den Diebstahl 50 Tagessätze und die Urkundenfälschung 40 Tagessätze) zu je 20 EUR verhängt.«[8]

oder

> »Auf Antrag der Staatsanwaltschaft wird gegen Sie eine Freiheitsstrafe von 5 Monaten verhängt, deren Vollstreckung zur Bewährung ausgesetzt wird.[9]
> Bewährungszeit: 2 Jahre[10]
> Bewährungsauflage: Entrichtung eines Geldbetrages von
> 600 EUR in monatlichen Raten von
> 60 EUR an die Staatskasse.«[11]

oder bei Diebstahl in Tatmehrheit mit Urkundenfälschung:

> »Auf Antrag der Staatsanwaltschaft wird gegen Sie eine Gesamtfreiheitsstrafe von 10 Monaten (Einzelstrafen für den Diebstahl 7 Monate und die Urkundenfälschung 5 Monate) verhängt, deren Vollstreckung zur Bewährung ausgesetzt wird.
> Bewährungszeit: 2 Jahre
> Bewährungsauflage: …«

Eine Begründung für die festzusetzende Rechtsfolge enthält der Strafbefehlsantrag nicht. Zur Vermeidung eines mutmaßlich erfolglosen Einspruchs ist sie aber nicht schlechthin unzulässig.[12] Lediglich für die Nichtentziehung der Fahrerlaubnis ist eine Begründung in § 409 I 3 StPO vorgeschrieben, der auf § 267 VI 2 StPO verweist.   202

Aus § 464 I StPO ergibt sich, dass auch der Strafbefehl eine Kostenentscheidung enthalten muss. Sie lautet nach § 465 I StPO dahin, dass der Angeklagte die Kosten des Verfahrens trägt. Eine Entscheidung über die notwendigen Auslagen enthält der Strafbefehl nicht, denn seine notwendigen Auslagen muss der Angeklagte selbst tragen; ein Ausspruch darüber ist nicht notwendig.[13]   203

Schließlich enthält der Strafbefehl nach § 409 I Nr. 7 StPO die Belehrung über die Möglichkeit des Einspruchs und die dafür vorgeschriebene Frist und Form sowie den Hinweis, dass der Strafbefehl rechtskräftig und vollstreckbar wird, soweit gegen ihn kein Einspruch nach § 410 StPO eingelegt wird.   204

---

6 Vgl. § 40 StGB.
7 *Ziegler* Strafurteil Rn. 87.
8 Vgl. §§ 53 I, 54 StGB.
9 Vgl. §§ 38 II, 47 I, 56 I StGB.
10 Vgl. § 56a I StGB.
11 Vgl. § 56b II Nr. 4 StGB.
12 Meyer-Goßner/Schmitt/*Schmitt* StPO § 409 Rn. 7.
13 Meyer-Goßner/Schmitt/*Schmitt* StPO § 409 Rn. 8.

D. Muster für einen Strafbefehlsantrag

205 | 106 Js 449/21

An das
Amtsgericht Aschaffenburg
Strafrichter –

Aktenzeichen und zuständiges Gericht

Herrn
Alois Huber
geb. am 10.12.1957
in Hof
Kaufmann
Marienplatz 21
63736 Aschaffenburg

Ich beantrage, den nach stehenden
Strafbefehl zu erlassen
Aschaffenburg, 11.3.2021
Staatsanwaltschaft Aschaffenburg
Müller
Staatsanwalt

Personalien und Antrag

Verteidiger:

RA Dr. Edgar Hofmann, Maxstr. 1
63736 Aschaffenburg

Verteidiger

Die Ermittlungen der Staatsanwaltschaft ergaben folgenden Sachverhalt:
Auf Grund Ihres schriftlichen Antrages vom 2.1.2020 bewilligte Ihnen die Agentur für Arbeit Aschaffenburg ab 26.1.2020 Arbeitslosengeld. Bei der Antragstellung wurden Sie persönlich und durch Aushändigung des Merkblattes für Arbeitslose darüber belehrt, dass Sie der Agentur für Arbeit alle Veränderungen gegenüber den im Antrag angegebenen Verhältnissen unverzüglich mitteilen müssen. Ab 16.4.2020 wurden Sie wieder bei der Firma Müller in Aschaffenburg beschäftigt. Sie verschwiegen diesen Umstand Ihrer erneuten Arbeitsaufnahme bewusst gegenüber der Agentur für Arbeit. Durch die unterbliebene Anzeige Ihrer Beschäftigung wurde Ihnen von der Agentur für Arbeit Aschaffenburg entsprechend Ihrer vorgefassten Absicht für die Zeit vom 16.4.2020–10.6.2020 zu Unrecht Arbeitslosengeld in Höhe von insgesamt 1.160 EUR bewilligt.

Sachverhalt

Sie werden daher beschuldigt,
in der Absicht, sich einen rechtswidrigen Vermögensvorteil zu verschaffen, das Vermögen eines anderen dadurch beschädigt zu haben, dass Sie durch Unterdrückung wahrer Tatsachen einen Irrtum erregten,

Wiedergabe der gesetzlichen Merkmale der Straftat

strafbar als Betrug

Rechtliche Bezeichnung der Straftat

nach § 263 I StGB.

Paragraphenbezeichnung

Beweismittel:
a) Zeuge: Franz Höfer, Arbeitsamt Aschaffenburg
b) Urkunde: Auszug aus dem Bundeszentralregister

Beweismittel

Auf Antrag der Staatsanwaltschaft wird gegen Sie eine Freiheitsstrafe von 3 Monaten festgesetzt, deren Vollstreckung zur Bewährung ausgesetzt wird.

Bewährungszeit: 3 Jahre

Bewährungsauflage: Entrichtung eines Geldbetrages von 250 EUR in monatlichen Raten von 50 EUR an die Staatskasse.

Festsetzung der Rechtsfolgen

Sie haben die Kosten des Verfahrens zu tragen.

Kostenentscheidung

Gegen den anliegenden Strafbefehl können Sie innerhalb von 2 Wochen nach Zustellung Einspruch einlegen.

Der Einspruch kann auf einzelne Beschwerdepunkte beschränkt werden.

Es besteht insbesondere die Möglichkeit, den Einspruch auf die Höhe der Tagessätze einer festgesetzten Geldstrafe zu beschränken. Dies empfiehlt sich insbesondere dann, wenn Sie den Schuldspruch akzeptieren wollen, die festgesetzte Tagessatzhöhe jedoch nicht mit Ihren wirtschaftlichen Verhältnissen übereinstimmt.

In diesem Fall besteht die Möglichkeit, ohne Durchführung einer Hauptverhandlung durch Beschluss zu entscheiden, falls Sie sich ausdrücklich mit dieser Vorgehensweise einverstanden erklären. Es empfiehlt sich zudem die Vorlage aussagekräftiger Belege bezüglich Ihres monatlichen Nettoeinkommens sowie eventueller Unterhaltsleistungen.

Von der Festsetzung im Strafbefehl darf im Beschluss nicht zu Ihrem Nachteil abgewichen werden.

Im Übrigen findet bei rechtzeitigem Einspruch eine Hauptverhandlung statt, falls Sie nicht Ihren Einspruch zurücknehmen.

Wollen Sie nur die Entscheidung über die Verfahrenskosten und die notwendigen Auslagen anfechten, so können Sie hiergegen, wenn der Wert des Beschwerdegegenstandes 200 EUR übersteigt, binnen einer Woche nach Zustellung des Strafbefehls sofortige Beschwerde einlegen.

Der Einspruch bzw. die sofortige Beschwerde können bei dem unten bezeichneten Amtsgericht schriftlich oder zu Protokoll der Geschäftsstelle eingelegt werden. Bei schriftlichen Erklärungen genügt es zur Fristwahrung nicht, dass die Erklärung innerhalb der Frist zur Post gegeben wird. Die Frist ist vielmehr nur dann gewahrt, wenn die Erklärung vor Ablauf der Frist bei dem Gericht eingeht.

(**Hinweis für die Klausur:** Falls ein Strafbefehlsantrag zu fertigen ist, muss nicht die gesamte Rechtsbehelfsbelehrung von *Kroiß/Neurauter* FormB Rechtspflege Nr. 35, abgeschrieben werden; es genügt vielmehr ein Hinweis darauf.)

Rechtsbehelfsbelehrung

5. Kapitel. Vorläufige Einstellung des Verfahrens

A. Vorübergehende Hindernisse nach § 154f StPO

Steht der Eröffnung oder Durchführung des Hauptverfahrens für längere Zeit die Abwesen- **206** heit des Beschuldigten oder ein anderes in seiner Person liegendes Hindernis entgegen und ist die öffentliche Klage noch nicht erhoben, kann die Staatsanwaltschaft das Verfahren nach § 154f StPO vorläufig einstellen, nachdem sie den Sachverhalt soweit wie möglich aufgeklärt und die Beweise soweit wie nötig gesichert hat. Hauptanwendungsfälle sind die länger andauernde Verhandlungsunfähigkeit oder der unbekannte Aufenthalt des Beschuldigten. Dabei muss die Absicht bestehen, das Verfahren fortzusetzen, wenn das Hindernis beseitigt ist. Kann nämlich nach dem Ergebnis der Ermittlungen mit einer Eröffnung des Haupt- verfahrens auch dann nicht gerechnet werden, wenn die Hinderungsgründe des § 154f StPO wegfallen, so stellt der Staatsanwalt das Verfahren sofort ein, Nr. 104 II RiStBV. § 154f StPO gilt nur dann, wenn die öffentliche Klage noch nicht erhoben ist, danach ist § 205 StPO anzuwenden.[1]

> » 108 Js 784/21 **207**
>
> Verfügung
>
> I. Das Ermittlungsverfahren wird wegen unbekannten Aufenthalts des Beschuldigten nach § 154f StPO vorläufig eingestellt.
> II. Mitteilung von I formlos an Antragsteller.[2]
> III. ... (Maßnahmen zur Aufenthaltsermittlung) ...
> IV. WV mE sp...[3]
>
> Braun
> Staatsanwalt«

Die vorläufige Einstellung des Ermittlungsverfahrens durch die Staatsanwaltschaft hat keinen **208** Einfluss auf den Lauf der Verjährung; § 78c I Nr. 10 und 11 StGB gilt nur für die vorläufige *gerichtliche* Einstellung (→ Rn. 54). Der Staatsanwalt muss deshalb nach der vorläufigen Ein- stellung darauf achten, dass die Verjährung rechtzeitig unterbrochen wird, Nr. 22 RiStBV.

Bei Feststellung des Aufenthalts des Beschuldigten oder seiner Verhandlungsfähigkeit nimmt **209** der Staatsanwalt das Verfahren wieder auf und schließt es dann (ggf. nach Durchführung weiterer Ermittlungen) endgültig ab.

B. Entscheidung einer Vorfrage, § 154d StPO

Der Staatsanwalt beurteilt in eigener Verantwortung zivil- und verwaltungsrechtliche Vor- **210** fragen, von deren Beantwortung die Strafbarkeit abhängt. Häufig wird die Strafanzeige aber dazu benutzt, durch das Ermittlungsverfahren ein anderes Verfahren mit schwierigen Tat- und/oder Rechtsfragen dadurch vorzubereiten, dass man der Staatsanwaltschaft die Aufklä- rungsarbeit vornehmen lässt. In diesen Fällen kann die Staatsanwaltschaft bei *Vergehen* (nicht Verbrechen!) dem Anzeigeerstatter zur Austragung der Frage im bürgerlichen Streit- verfahren oder im Verwaltungsstreitverfahren eine Frist setzen, § 154d S. 1 StPO. Für arbeits- und sozialgerichtliche Verfahren gilt diese Vorschrift entsprechend.[4]

---

1 Meyer-Goßner/Schmitt/*Schmitt* StPO § 154f Rn. 1.
2 Nr. 104 III, 103 RiStBV.
3 **Hinweis:** Der Staatsanwalt hat in bestimmten, nicht zu lange bemessenen Abständen zu prüfen, ob die Hinderungsgründe des § 154f StPO noch fortbestehen, Nr. 104 I 2 RiStBV.
4 Meyer-Goßner/Schmitt/*Schmitt* StPO § 154d Rn. 3.

211 »107 Js 497/21

Verfügung

I. Das Ermittlungsverfahren wird gem. § 154d StPO vorläufig eingestellt.
Gründe:
Dem Beschuldigten liegt zur Last, am 29.1.2021 die Stereoanlage seiner verstorbenen Mutter gestohlen zu haben. Der Beschuldigte lässt sich dahin ein, er und nicht der Anzeigeerstatter sei Alleinerbe seiner Mutter. Das Testament vom 1.5.2005, das den Anzeigeerstatter als Alleinerben nennt, sei gefälscht.
Wer Alleinerbe nach der Mutter des Beschuldigten wurde, ist eine nach Zivilrecht zu beurteilende Frage, zu deren Austragung im bürgerlichen Streitverfahren dem Anzeigeerstatter hiermit eine Frist von 8 Monaten gesetzt wird.
II. Mitteilung von I formlos an Anzeigeerstatter Wilhelm Friedrich, Hauptstraße 6, 63736 Aschaffenburg
III. Mitteilung von I formlos an Beschuldigten
IV. WV mE, sp...

Hubert
Staatsanwalt«

212 Nach fruchtlosem Ablauf der Frist kann die Staatsanwaltschaft das Verfahren (endgültig) einstellen, § 154d S. 3 StPO. In dieser Einstellungsverfügung ist kurz zu erläutern, dass die gesetzte Frist ergebnislos abgelaufen ist und daher das Verfahren nach § 154d StPO eingestellt wird.[5]

C. Falsche Verdächtigung oder Beleidigung, § 154e StPO

213 Von der Erhebung der öffentlichen Klage wegen einer falschen Verdächtigung oder Beleidigung (§§ 164, 185–188 StGB) soll nach § 154e I StPO abgesehen werden, solange wegen der angezeigten oder behaupteten Handlung ein Straf- oder Disziplinarverfahren anhängig ist. Das wegen der angezeigten oder behaupteten Handlung anhängige andere Verfahren soll den Vorrang haben, weil es sich mit dem der falschen Verdächtigung oder Beleidigung zugrunde liegenden Sachverhalt befasst und sein Ergebnis möglicherweise Einfluss auf die Entscheidung über die falsche Verdächtigung oder Beleidigung haben kann. Damit sollen zugleich widersprechende Entscheidungen über denselben Sachverhalt möglichst ausgeschlossen werden.[6]

214 »104 Js 587/21

Verfügung

I. Das Ermittlungsverfahren wird gem. § 154e I StPO vorläufig eingestellt.
Gründe:
Dem Beschuldigten liegt zur Last, den Anzeigeerstatter Hans Schuck wider besseres Wissen am 15.1.2021 bei der Polizeiinspektion Aschaffenburg – Stadt – wegen des Diebstahls eines Fahrrades angezeigt zu haben.
Das Verfahren war gem. § 154e I StPO vorläufig einzustellen, bis das Ermittlungsverfahren wegen Diebstahls gegen den Anzeigeerstatter abgeschlossen ist.
II. Mitteilung von I formlos an Anzeigeerstatter.[7]
III. WV mE, sp...

Först
Staatsanwalt«

---

5 KK-StPO/*Diemer* § 154d Rn. 5.
6 Meyer-Goßner/Schmitt/*Schmitt* StPO § 154e Rn. 1.
7 Nr. 103 RiStBV.

6. Kapitel. Endgültige Einstellung des Verfahrens

A. Einstellung des Verfahrens nach § 170 II 1 StPO

I. Allgemeines

Das in § 152 II StPO verankerte Legalitätsprinzip verpflichtet die Staatsanwaltschaft zur **215** Aufnahme von Ermittlungen, sofern zureichende tatsächliche Anhaltspunkte vorliegen. Weil die Staatsanwaltschaft mit der endgültigen Einstellung des Verfahrens nach § 170 II 1 StPO eine Entscheidung trifft, die in ihrer Tragweite der richterlichen Entscheidung am Ende der Hauptverhandlung jedenfalls in etwa entspricht, kommt der endgültigen Einstellung nach § 170 II 1 StPO nicht nur in der Praxis, sondern auch in der Klausur eine wichtige Bedeutung zu. Die Einstellung des Verfahrens nach § 170 II 1 StPO muss immer dann erfolgen, wenn die Ermittlungen keinen »genügenden Anlass zur Erhebung der öffentlichen Klage« geben, dh wenn der Beschuldigte der Straftat nicht hinreichend verdächtig ist.[1] Nach dem gesamten Akteninhalt muss bei vorläufiger Tatbewertung die Verurteilung des Beschuldigten nicht mit Wahrscheinlichkeit zu erwarten sein (→ Rn. 100). Erfüllt hingegen ein in einer Strafanzeige behaupteter Sachverhalt keinen Straftatbestand, gibt die Staatsanwaltschaft ohne Ermittlungen »der Anzeige keine Folge«, § 171 S. 1 StPO. Als Rechtsgrundlage kommt hier nicht § 170 II StPO, sondern nur § 152 II StPO in Betracht.

Die Tenorierung lautet:

> 1. Die Einleitung eines Ermittlungsverfahrens wird abgelehnt, da keine zureichenden Anhaltspunkte für das Vorliegen einer Straftat erkennbar sind.
> 2. Der Anzeige wird keine Folge gegeben.[2]

Das Fehlen eines hinreichenden Tatverdachts kann rechtliche oder tatsächliche Gründe **216** haben.[3]

Aus *rechtlichen* Gründen ist das Ermittlungsverfahren einzustellen, wenn **217**
- die angezeigte Tat unter keinen Straftatbestand fällt

oder
- die Tat nicht strafbar ist, weil ein Rechtfertigungs-, Schuldausschließungs-, Strafausschließungs- oder Strafaufhebungsgrund vorliegt oder
- ein Verfahrenshindernis besteht (zB Fehlen des erforderlichen Strafantrags; Verjährung).

Aus *tatsächlichen* Gründen ist das Ermittlungsverfahren einzustellen, wenn dem Beschuldig- **218** ten die Tatbeteiligung nicht »hinreichend« nachgewiesen werden kann.

II. Einstellungsbegründung

Die Einstellung des Verfahrens nach § 170 II 1 StPO ist stets zu begründen. Der Umfang **219** der Begründung richtet sich nach der Schwere des Vorwurfs und nach den tatsächlichen und rechtlichen Schwierigkeiten. In einfach gelagerten Fällen kann die Begründung sehr kurz sein. Allerdings darf sich die Begründung der Einstellungsverfügung nicht auf allgemeine und nichtssagende Redewendungen beschränken, zB »da eine Straftat nicht vorliegt oder nicht nachgewiesen ist«. Vielmehr soll in der Regel angegeben werden, aus welchen Gründen der Verdacht einer Straftat nicht ausreichend erscheint oder weshalb

---

1 Meyer-Goßner/Schmitt/*Schmitt* StPO § 170 Rn. 1 und § 203 Rn. 2.
2 Für die Mitteilung an den Antragsteller gilt § 171 StPO.
3 Meyer-Goßner/Schmitt/*Schmitt* StPO § 170 Rn. 6.

sich sonst die Anklageerhebung verbietet.[4] Der Staatsanwalt soll den Einstellungsbescheid so fassen, dass er auch dem rechtsunkundigen Antragsteller verständlich ist, Nr. 89 IV RiStBV.

220 Die Begründung der Einstellung richtet sich danach, auf welche Weise das Ermittlungsverfahren eingeleitet worden ist:

221 • Ist das Ermittlungsverfahren *von Amts wegen* eingeleitet worden (zB durch die Ermittlungen der Polizei, der Staatsanwaltschaft oder einer sonstigen Behörde), können sich die Gründe der Einstellung auf das zur Nachprüfung der Richtigkeit der Einstellungsverfügung Notwendige beschränken. Eine derartige Einstellung darf entgegen Nr. 89 IV RiStBV auch Fachausdrücke enthalten.

222 • Handelt es sich dagegen um ein Verfahren, das auf eine *Strafanzeige* iSd § 158 I StPO hin aufgenommen wurde und ist dies dem Anzeigeerstatter mitzuteilen, dann muss die Begründung in der Regel ausführlich und auch für den rechtsunkundigen Antragsteller verständlich sein. Kann der Anzeigerstatter Beschwerde gegen die Einstellungsverfügung einlegen (vgl. § 172 StPO), ist es zweckmäßig, nach Möglichkeit schon jetzt das vermutliche Beschwerdevorbringen auszuräumen.

223 Der *Aufbau der Einstellungsbegründung* entspricht, zumindest in größeren und/oder bedeutsamen Verfahren, dem Aufbau eines freisprechenden Urteils:
   • Angabe, was dem Beschuldigten zur Last lag,
   • Einlassung des Beschuldigten,
   • Ermittlungsergebnis und
   • Darlegung, warum aus tatsächlichen oder rechtlichen Gründen kein zur Anklageerhebung hinreichender Tatverdacht gegeben ist oder dass die Ermittlungen die Unschuld des Beschuldigten ergeben haben.[5]

224 Kommen zivilrechtliche Ansprüche des Anzeigeerstatters in Betracht (bei einer vorsätzlichen Körperverletzung hat der Antragsteller uU einen Anspruch auf Schadenersatz und/oder Schmerzensgeld), empfiehlt sich abschließend folgender Hinweis, um deutlich zu machen, dass der Abschluss des Ermittlungsverfahrens – gleich in welcher Form – nicht vorgreiflich für zivilrechtliche Fragen ist:

»Die Geltendmachung zivilrechtlicher Ansprüche wird hierdurch nicht berührt.«

225 In einfacheren Fällen genügt es, nach einem kurzen Hinweis auf den erhobenen Schuldvorwurf sogleich die für die Einstellung maßgebenden tatsächlichen oder rechtlichen Erwägungen darzulegen und mit dem Hinweis abzuschließen, dass etwaige zivilrechtliche Ansprüche nicht berührt werden.

III. Mitteilung an Antragsteller

226 Von der Einstellung des Verfahrens muss nach § 171 S. 1 StPO der *Antragsteller* unter Angabe der Gründe benachrichtigt werden. Die Verfügung lautet:

»Mitteilung formlos an den Antragsteller Martin Schwarz,
Burgweg 5, 63736 Aschaffenburg.«

227 Von einer Mitteilung an den Antragsteller ist jedoch abzusehen, wenn er
   • ausdrücklich oder erkennbar keinen Wert darauf legt (zB Rücknahme des Strafantrags oder der Anzeige; bloße Anregung, den Sachverhalt rechtlich zu überprüfen) oder
   • das Recht auf Mitteilung verwirkt hat (Fall hartnäckiger und uneinsichtiger Querulanz).[6]

---

4 Vgl. Nr. 89 II RiStBV.
5 *Kroiß/Neurauter* Nr. 32.
6 Meyer-Goßner/Schmitt/*Schmitt* StPO § 171 Rn. 2.

Eine *Rechtsmittelbelehrung* nach § 171 S. 2 StPO erfolgt nur dann, wenn der Antragsteller **228** zugleich der Verletzte und das Klageerzwingungsverfahren auch nicht nach § 172 II 3 StPO ausgeschlossen ist, weil das Verfahren ausschließlich eine Straftat zum Gegenstand hat, die vom Verletzten im Wege der Privatklage verfolgt werden kann, oder wenn die Staatsanwaltschaft nach §§ 153 I, 153a I 1, 7 oder 153b I StPO von der Verfolgung der Tat abgesehen hat; dasselbe gilt in den Fällen der §§ 153c–154 I sowie der §§ 154b und 154c StPO. Die Verfügung lautet:

> »Mitteilung an den Anzeigerstatter Martin Schwarz, Bachstraße 4,
> 63736 Aschaffenburg, mit Beschwerdebelehrung förmlich zustellen.«

Die förmliche Zustellung ist notwendig, damit die Beschwerdefrist überwacht werden kann.

IV. Mitteilung an Beschuldigten

Dem Beschuldigten ist gem. § 170 II 2 StPO die Einstellung des Verfahrens nur mitzuteilen, **229** wenn

- er als solcher vernommen worden ist,
- ein Haftbefehl gegen ihn erlassen war,
- er um einen Bescheid gebeten hat oder
- wenn ein besonderes Interesse an der Bekanntgabe ersichtlich ist.

Über den Wortlaut des Gesetzes hinaus ist die Einstellung ihm auch dann mitzuteilen, wenn **230** in dem Verfahren gegen ihn eine Strafverfolgungsmaßnahme iSd § 2 StrEG vollzogen worden ist. Denn nach § 9 I 4 StrEG ist der Antrag auf Entschädigung innerhalb einer Frist von einem Monat nach Zustellung der Mitteilung über die Einstellung des Verfahrens zu stellen.[7]

Die *Gründe der Einstellung* sind dem Beschuldigten nur auf Antrag und dann nur insoweit **231** bekanntzugeben, als kein schutzwürdiges Interesse entgegensteht, Nr. 88 S. 1 RiStBV. Hat sich herausgestellt, dass der Beschuldigte unschuldig ist oder dass gegen ihn kein begründeter Verdacht mehr besteht, so ist dies in der Mitteilung auszusprechen, Nr. 88 S. 2 RiStBV.

Dem Beschuldigten wird die Einstellungsverfügung grundsätzlich formlos durch einfachen **232** Brief bekanntgegeben, Nr. 91 I 1 RiStBV. Eine Zustellung ist nur dann erforderlich, wenn gegen den Beschuldigten eine Strafverfolgungsmaßnahme iSd § 2 StrEG vollzogen worden ist, Nr. 91 I 2 RiStBV.

Der Beschuldigte wird von der Einstellung auch dann, wenn der Anzeigeerstatter gegen die **233** Einstellungsverfügung die befristete Beschwerde einlegen kann, § 172 I 1 StPO, *sofort* und nicht erst nach dem Ablauf der Beschwerdefrist benachrichtigt.[8]

V. Form der Einstellungsverfügung

Da weder die StPO noch die RiStBV eine bestimmte Form der Einstellungsverfügung vor- **234** schreiben, haben sich in den verschiedenen Bundesländern und teilweise auch bei einzelnen Staatsanwaltschaften innerhalb eines Bundeslandes im Wesentlichen zwei verschiedene Formen entwickelt: Fassung der Einstellung in Form eines gerichtlichen Beschlusses (»Tenor und Gründe«) und Fassung der Einstellung in einem zu erteilenden Bescheid (persönliches Schreiben mit Anrede und Schlussformel).[9]

---

7 Vgl. Nr. 91 I 2 RiStBV.
8 Dagegen halten es *Kroiß/Neurauter* FormB Rechtspflege Nr. 32 Anm. 5 für zweckmäßig, die Mitteilung an den Beschuldigten im Falle eines Beschwerderechts des Antragstellers zurückzustellen, bis feststeht, dass keine Beschwerde eingelegt worden ist. Diese Auffassung hat sich – soweit ersichtlich – in der Praxis nicht durchgesetzt.
9 *Kroiß/Neurauter* FormB Rechtspflege Nr. 32.

235

»Staatsanwaltschaft Aschaffenburg
108 Js 1857/21

Verfügung

I. Das Ermittlungsverfahren gegen den Beschuldigten Franz Maier wird gem. § 170 II 1 StPO eingestellt.
Gründe:
Dem Beschuldigten lag zur Last, am 11.1.2021 in der Waldabteilung »Vorderer Hang« in der Nähe des Aschaffenburger Ortsteiles »Obernau« zehn ca. 120 Jahre alte Buchenstämme im Wert von ungefähr 5.000 EUR entwendet zu haben.
Die durchgeführten Ermittlungen haben ergeben, dass der Beschuldigte nicht mit der zur Anklageerhebung ausreichenden Sicherheit zu überführen ist. Der Beschuldigte hat nämlich den ihm zur Last gelegten Vorwurf in vollem Umfang abgestritten.
Tatzeugen sind im vorliegenden Fall nicht vorhanden. Da auch bei der Durchsuchung des Anwesens des Beschuldigten weder das Diebesgut noch sonstige Beweismittel gefunden wurden war das Verfahren mangels Tatnachweises einzustellen.
II. Mitteilung von I mit Beschwerdebelehrung zustellen an den Anzeigeerstatter Otto Schwarz, Königstr. 3, 63736 Aschaffenburg
III. Mitteilung an den Beschuldigten zustellen mit Beschwerdebelehrung gem. Nr. 91 I 2 RiStBV, §§ 2 II Nr. 4, 9 I 5 StrEG.
IV. WV mE, sp… (nach Ablauf der Beschwerdefrist).

Berg
Staatsanwalt«

oder

236

»Staatsanwaltschaft Aschaffenburg
108 Js 1857/21

Verfügung

I. Das Ermittlungsverfahren gegen den Beschuldigten Franz Maier wegen Diebstahls wird gem. § 170 II 1 StPO eingestellt.
Gründe s. III.
II. Mitteilung von I formlos ohne Gründe an den Beschuldigten.
III. Nachfolgenden Bescheid mit Beschwerdebelehrung an den Anzeigeerstatter Otto Schwarz, Königstr. 3, 63736 Aschaffenburg zustellen:
Das Ermittlungsverfahren gegen den Beschuldigten Franz Maier wegen Diebstahls wird gem. § 170 II 1 StPO eingestellt.
Gründe:
… wie 1. Verfügung
IV. WV mE, sp… (nach Ablauf der Beschwerdefrist).

Berg
Staatsanwalt«

B. Teileinstellung (das ist der typische Fall in Examensklausuren)

237 Bei der Teileinstellung nach § 170 II 1 StPO handelt es sich um die Trennung mehrerer iSd §§ 2, 3 StPO zusammenhängender Strafsachen.[10] Eine Teileinstellung kommt deshalb in Betracht, wenn nicht in getrennten, sondern in einem Ermittlungsverfahren entweder

238 • mehrere Beschuldigte verdächtig waren, an einer prozessualen Tat iSd §§ 155, 264 StPO beteiligt gewesen zu sein und jedenfalls für einen Beschuldigten kein hinreichender Tat-

---

10 Näher zum Ganzen *v. Heintschel-Heinegg* JA 1990, 111 ff. und 132 ff.

verdacht zur Erhebung der öffentlichen Klage besteht *(Teileinstellung bei sachlichem Zusammenhang)* oder

● gegen einen Beschuldigten wegen mehrerer prozessualer Taten ermittelt wurde und zwar   239
nicht bei allen, aber doch bei einer oder mehreren prozessual selbstständigen Taten kein
hinreichender Tatverdacht zur Erhebung der öffentlichen Klage besteht *(Teileinstellung
bei persönlichem Zusammenhang).*

I. Teileinstellung bei sachlichem Zusammenhang

Sind in *einem* Ermittlungsverfahren mehrere Beschuldigte verdächtig, an *einer* prozessualen   240
Tat beteiligt gewesen zu sein, ist für jeden Beschuldigten gesondert zu prüfen, wie das
Ermittlungsverfahren abzuschließen ist. Besteht bei Abschluss der Ermittlungen für einen
oder mehrere Beschuldigte kein hinreichender Tatverdacht zur Erhebung der öffentlichen
Klage, wird das Ermittlungsverfahren gegen diese(n) Beschuldigte(n) nach § 170 II 1 StPO
eingestellt. Von *Teileinstellung* wird deshalb gesprochen, weil es zumindest gegen einen
Beschuldigten eingestellt und hinsichtlich der übrigen fortgeführt wird.

Beispiel: Gegen A, B und C wird in *einem* Ermittlungsverfahren wegen Einbruchs er-   241
mittelt. Sie sollen am 4.1.2021 in das Anwesen Karlstraße 5 in Aschaffenburg eingebrochen sein und einen Teppich im Wert von 2.500 EUR entwendet haben. Nach den durchgeführten Ermittlungen besteht hinreichender Tatverdacht hinsichtlich A und C, nicht
aber bei B.

»Staatsanwaltschaft Aschaffenburg   242
104 Js 772/21
Verfügung

I. Das Ermittlungsverfahren gegen den Beschuldigten B wird gem. § 170 II 1 StPO eingestellt.
Gründe:
Dem Beschuldigten B liegt zur Last, am 4.1.2021 gemeinsam mit den Beschuldigten A und C
in das dem Franz Schindler gehörende Haus in der Karlstraße 5 in Aschaffenburg eingebrochen zu sein und einen Teppich im Wert von 2.500 EUR entwendet zu haben.
Die durchgeführten Ermittlungen haben ergeben, dass der Beschuldigte B nicht mit der zur
Anklageerhebung ausreichenden Sicherheit zu überführen ist. Er selbst hat den ihm zur Last
gelegten Vorwurf in vollem Umfang abgestritten und angegeben, dass lediglich die Beschul-
digten A und C den Diebstahl begangen haben. Das haben auch die beiden Beschuldigten A
und C bestätigt. Sonstige Anhaltspunkte oder Beweismittel für eine Tatbeteiligung des B
sind nicht vorhanden. Das Verfahren gegen den Beschuldigten B war deshalb gem. § 170 II 1
StPO einzustellen.
II. Mitteilung von I mit Beschwerdebelehrung zustellen an den Anzeigeerstatter Otto Schwarz,
Königstr. 3, 63736 Aschaffenburg
III. Mitteilung von I formlos ohne Gründe an den Beschuldigten B.[11]
IV. Im Übrigen sind die Ermittlungen abgeschlossen.
V. Anklage[12] nach gesondertem Entwurf.
VI. Mit Akten an das Amtsgericht – Strafrichter – Aschaffenburg.

Zenglein
Staatsanwalt«

---

11 → Rn. 229 ff.
12 Angeklagt werden jetzt nur noch A und C.

II. Teileinstellung bei persönlichem Zusammenhang

243   Liegen dem Beschuldigten innerhalb *eines* Ermittlungsverfahrens *mehrere* prozessuale Taten zur Last, besteht aber bei Abschluss der Ermittlungen für eine oder mehrere prozessuale Taten kein hinreichender Tatverdacht zur Erhebung der öffentlichen Klage, wird das Ermittlungsverfahren insoweit nach § 170 II 1 StPO eingestellt.

244   **Beispiel**: Gegen A wird in einem Ermittlungsverfahren wegen eines am 1.4. begangenen Betruges und einer am 15.4. begangenen fahrlässigen Trunkenheit im Verkehr ermittelt. Nach den durchgeführten Ermittlungen besteht zwar hinreichender Tatverdacht für eine fahrlässige Trunkenheit im Verkehr, nicht aber für Betrug.

245   »Staatsanwaltschaft Aschaffenburg
104 Js 892/21

Verfügung

  I. Das Ermittlungsverfahren wird gem. § 170 II 1 StPO eingestellt, soweit dem Beschuldigten A ein Betrug zur Last liegt.

Gründe:

Dem Beschuldigten liegt zur Last, am 4.1.2021 in der Gastwirtschaft »Zur Fröhlichkeit« in Aschaffenburg, Straubinger Str. 6, Speisen und Getränke im Wert von 30 EUR verzehrt zu haben, wobei er von vorneherein vorhatte, die Rechnung nicht zu bezahlen.

Der Beschuldigte ist jedoch insoweit nicht mit der zur Anklageerhebung ausreichenden Sicherheit zu überführen. Er hat zu seiner Entlastung vorgebracht, er sei zwar einkommens- und vermögenslos, habe aber am 4.1.2021 über 50 EUR verfügt. Damit habe er das Essen bezahlen wollen, das Geld aber zu Hause vergessen. Der Zeuge Joachim Weber hat dieses Vorbringen in vollem Umfang bestätigt. Damit kann dem Beschuldigten nicht nachgewiesen werden, dass er bei Bestellung der Speisen und Getränke die Absicht hatte, sich einen rechtswidrigen Vermögensvorteil zu verschaffen, weshalb das Verfahren nach § 170 II 1 StPO einzustellen war.

  II. Mitteilung von I mit Beschwerdebelehrung zustellen an den Anzeigeerstatter Horst Löffler, Straubinger Str. 6, 63736 Aschaffenburg.[13]

 III. Mitteilung von I formlos ohne Gründe an den Beschuldigten.[14]

 IV. Im Übrigen sind die Ermittlungen abgeschlossen.

  V. Anklage nach gesondertem Entwurf.

 VI. Mit Akten an das Amtsgericht – Strafrichter – Aschaffenburg.

Holzer
Staatsanwalt«

246   Keine Teileinstellung erfolgt dagegen, wenn lediglich *innerhalb einer prozessualen Tat* mehrere Delikte – gleich ob tateinheitlich, § 52 StGB, oder tatmehrheitlich, § 53 StGB, – zusammentreffen, aber ein oder mehrere Delikte nicht gegeben sind. In diesem Fall wird in die vor der Anklage bzw. dem Strafbefehl befindliche Verfügung ein *Aktenvermerk* aufgenommen, warum bei Erhebung öffentlicher Klage diese nicht auf die zunächst angenommenen Gesetzesverletzungen erstreckt wurde.[15] An die in dem Vermerk zum Ausdruck gekommene rechtliche Würdigung ist das Gericht nicht gebunden.[16] Vielmehr kann das Gericht nach einem Hinweis auf die Veränderung des rechtlichen Gesichtspunktes gem. § 265 StPO die angeklagte prozessuale Tat anders als die Staatsanwaltschaft würdigen. Von dem Vermerk erhalten weder der Anzeigeerstatter noch der Beschuldigte eine Mitteilung.[17]

---

13 → Rn. 226 ff.
14 → Rn. 229 ff.
15 Meyer-Goßner/Schmitt/*Schmitt* StPO § 171 Rn. 1.
16 §§ 155 II, 264 II StPO.
17 Meyer-Goßner/Schmitt/*Schmitt* StPO § 171 Rn. 1.

Beispiel: A wird beschuldigt, am 5.1.2021 eine vorsätzliche Körperverletzung nach § 223   247
StGB in Tateinheit mit Widerstand gegen Vollstreckungsbeamte nach § 113 I StGB begangen zu haben. Nach den durchgeführten Ermittlungen besteht hinreichender Tatverdacht für den Widerstand gegen Vollstreckungsbeamte, nicht aber für die vorsätzliche
Körperverletzung.

»Staatsanwaltschaft Aschaffenburg   248
102 Js 904/21

Verfügung

I. Vermerk: Eine Strafbarkeit wegen vorsätzlicher Körperverletzung nach § 223 StGB ist nicht
gegeben, weil der Beschuldigte A zwar Widerstand gegen den Polizeibeamten Huber bei der
Vornahme einer Vollstreckungshandlung geleistet hat, ihn dabei aber weder körperlich miss-
handelt noch an der Gesundheit beschädigt hat.[18]
II. Die Ermittlungen sind abgeschlossen.
III. Anklage nach gesondertem Entwurf.
IV. Mit Akten an das Amtsgericht – Strafrichter – Aschaffenburg.

Maier
Staatsanwältin«

III. Zusammentreffen von sachlichem und persönlichem Zusammenhang

»Teileinstellung bei sachlichem Zusammenhang« und »Teileinstellung bei persönlichem Zu-   249
sammenhang« können auch in einem Ermittlungsverfahren zusammentreffen, wenn gegen
mehrere Beschuldigte (zB gegen A, B und C) wegen mehrerer prozessualer Taten (zB vom
2.1., 19.1. und 27.1.2021) ermittelt wurde.

Beispiel: Gegen A, B und C wird in *einem* Ermittlungsverfahren wegen folgender Taten   250
ermittelt:
2.1.2021:   Diebstahl in einem besonders schweren Fall nach §§ 242 I, 243 I 2 Nr. 1, 25 II
                StGB
19.1.2021:   Betrug gem. §§ 263 I, 25 II StGB
27.1.2021:   Unterschlagung nach §§ 246 I, II, 25 II StGB
Die durchgeführten Ermittlungen haben Folgendes ergeben:
2.1.2021:   Hinreichender Tatverdacht gegen A und B; C kann eine Tatbeteiligung nicht
                nachgewiesen werden.
19.1.2021:   Hinreichender Tatverdacht besteht gegen A, B und C.
27.1.2021:   Hinreichender Tatverdacht gegen A und B; C kann eine Tatbeteiligung nicht
                nachgewiesen werden.

»Staatsanwaltschaft Aschaffenburg   251
101 Js 1024/21

Verfügung

I. Das Ermittlungsverfahren gegen den Beschuldigten C wird gem. § 170 II 1 StPO eingestellt,
   1. soweit ihm ein am 2.1.2021 begangener Diebstahl und
   2. eine Unterschlagung, begangen am 27.1.2021, zur Last liegen.
   Gründe:
   1. Dem Beschuldigten C liegt zur Last, am 2.1.2021 gemeinsam mit den Beschuldigten A
   und B in die Wohnung der Monika Schmitt in der Hauptstraße 26 in Aschaffenburg

---

18 **Hinweis:** Die Formulierung »Das Verfahren wird eingestellt, soweit ...« sollte bei der Fertigung eines
    Vermerks vermieden werden, um die Abgrenzung zur »echten« Einstellung einer prozesualen Tat nach
    § 170 II 1 StPO nicht zu verwischen.

eingebrochen zu sein und ein Fernsehgerät der Marke Sony im Wert von etwa 600 EUR entwendet zu haben.

Die durchgeführten Ermittlungen haben ergeben, dass der Beschuldige C nicht mit der zur Anklageerhebung ausreichenden Sicherheit zu überführen ist. Er selbst hat den ihm zur Last gelegten Vorwurf in vollem Umfang abgestritten und angegeben, dass die Beschuldigten A und B ohne seine Tatbeteiligung den Diebstahl am 2.1.2021 begangen haben. Das haben auch die beiden Beschuldigten A und B bestätigt. Sonstige Anhaltspunkte oder Beweismittel für eine Tatbeteiligung des C sind nicht vorhanden. Das Verfahren gegen den Beschuldigten C war deshalb insoweit nach § 170 II 1 StPO einzustellen.

2. Dem Beschuldigten C liegt zur Last, am 27.1.2021 zusammen mit den Beschuldigten A und B einen von ihnen zuvor gemieteten Pkw BMW 520, amtliches Kennzeichen AB-HN 195, ohne Genehmigung des Eigentümers Franz Reisert zum Preis von 7.000 EUR verkauft und davon 2.100 EUR für sich behalten zu haben.

Die durchgeführten Ermittlungen haben ergeben, dass der Beschuldigte C nicht mit der zur Anklageerhebung ausreichenden Sicherheit zu überführen ist. Er selbst hat den ihm zur Last gelegten Vorwurf in vollem Umfang abgestritten und angegeben, dass die Beschuldigten A und B ohne seine Tatbeteiligung die Unterschlagung am 27.1.2021 begangen haben. Das haben auch die beiden Beschuldigten A und B bestätigt. Sonstige Anhaltspunkte oder Beweismittel für eine Tatbeteiligung des C sind nicht vorhanden. Das Verfahren gegen den Beschuldigten C war deshalb insoweit nach § 170 II 1 StPO einzustellen.

II. Mitteilung von I 1 mit Beschwerdebelehrung zustellen an Monika Schmitt, Hauptstraße 26, 63736 Aschaffenburg

III. und Mitteilung von I 2 mit Beschwerdebelehrung zustellen an Franz Reisert, Würzburger Str. 1, 63736 Aschaffenburg.

IV. Mitteilung von I formlos ohne Gründe an den Beschuldigen C.[19]

V. Im Übrigen sind die Ermittlungen abgeschlossen.

VI. Anklage nach gesondertem Entwurf.

VII. Mit Akten an das Amtsgericht – Strafrichter – Aschaffenburg.

Müller
Staatsanwalt«

C. Einstellung unwesentlicher Nebenstraftaten, § 154 I StPO

252 Nach § 154 I StPO kann eine prozessuale Tat *vorläufig* oder *endgültig* eingestellt werden, wenn deren Verfolgung wegen weiterer Straftaten desselben Beschuldigten sich nicht lohnt. Zweck der Regelung ist es, (in der Praxis vor allem bei Großverfahren) durch Beschränkung des Prozessstoffs zu einer vereinfachten und beschleunigten Verfahrenserledigung zu gelangen.[20]

Durch die Aufgabe der fortgesetzten Handlung als Rechtsfigur[21] kommt der Einstellung wegen unwesentlicher Nebenstraftaten nach § 154 I StPO eine noch größere Bedeutung zu.

---

19 **Hinweis:** Möglich ist auch folgender Aufbau der Einstellungsverfügung:
Verfügung I. 1. Das Ermittlungsverfahren gegen den Beschuldigten C wird gem. § 170 II 1 StPO eingestellt, soweit ihm ein Diebstahl, begangen am 2.1.2021, zur Last liegt. Gründe: ... 2. Mitteilung an Anzeigeerstatterin ... 3. Mitteilung an Beschuldigten ... II. 1. Das Ermittlungsverfahren gegen den Beschuldigten C wird gem. § 170 II 1 StPO eingestellt, soweit ihm eine Unterschlagung, begangen am 27.1.2021, zur Last liegt. Gründe: ... 2. Mitteilung an Anzeigeerstatter ... 3. Mitteilung an Beschuldigten ... III. ...; *Westphal/Tetenberg* Assessorklausur StrafR 2 Fn. 6.

20 Meyer-Goßner/Schmitt/*Schmitt* StPO § 154 Rn. 1.

21 → Rn. 166 ff.

Von der Möglichkeit einer Einstellung gem. § 154 I StPO soll der Staatsanwalt, aber auch der Referendar in der Klausur, in geeigneten Fällen Gebrauch machen.[22]

I. Mehrere Ermittlungsverfahren – mehrere prozessuale Taten

Die Staatsanwaltschaft kann das ganze Verfahren nach § 154 I StPO einstellen, wenn die **253** Strafe oder die Maßregel der Besserung und Sicherung, zu der die Verfolgung führen kann, neben einer Strafe oder Maßregel der Besserung und Sicherung, die gegen den Beschuldigten wegen einer anderen Tat rechtskräftig verhängt worden ist oder die er wegen einer anderen Tat zu erwarten hat, nicht beträchtlich ins Gewicht fällt oder darüber hinaus, wenn ein Urteil wegen dieser Tat in angemessener Frist nicht zu erwarten ist und wenn eine Strafe oder Maßregel der Besserung und Sicherung, die gegen den Beschuldigten rechtskräftig verhängt worden ist oder die er wegen einer anderen Tat zu erwarten hat, zur Einwirkung auf den Täter und zur Verteidigung der Rechtsordnung ausreichend erscheint.

1. Vorläufige Einstellung

Ist die Strafe wegen der anderen Tat(en) noch nicht rechtskräftig, ist das Verfahren nach **254** § 154 I StPO *vorläufig* einzustellen.

> **Beispiel:** Gegen A läuft in Aschaffenburg ein Ermittlungsverfahren wegen Diebstahls **255** geringwertiger Sachen. Der ermittelnde Staatsanwalt erfährt im Laufe des Ermittlungs- verfahrens, dass die Staatsanwaltschaft Hamburg gegen A wegen Verdachts des Mordes nach § 211 StGB ermittelt. Die wegen Diebstahls geringwertiger Sachen zu erwartende Strafe fällt neben der Strafe, die A wegen Mordes zu erwarten hat, nicht beträchtlich ins Gewicht.

> »Staatsanwaltschaft Aschaffenburg **256**
> 107 Js 795/21
> Verfügung
> I. Das Ermittlungsverfahren gegen den Beschuldigten wegen Diebstahls geringwertiger Sachen wird nach § 154 I Nr. 1 StPO vorläufig eingestellt.
> Gründe:
> Dem Beschuldigten liegt zur Last, am 6.2.2021 gegen 11 Uhr in den Geschäftsräumen der Firma Müller in der Steingasse 17 in Aschaffenburg 1 Flasche Sekt im Wert von 8 EUR entwendet zu haben.
> Bei der Staatsanwaltschaft Hamburg läuft ein Ermittlungsverfahren gegen den Beschuldig- ten wegen Mordes. Er befindet sich deshalb seit dem 23.2.2021 in Untersuchungshaft. Die im vorliegenden Verfahren zu erwartende Strafe wegen Diebstahls geringwertiger Sachen fällt gegenüber derjenigen Strafe, die der Beschuldigte im Verfahren 17 Js 2936/20 der Staatsanwaltschaft Hamburg wegen Mordes zu erwarten hat, nicht beträchtlich ins Gewicht.
> II. Mitteilung von I formlos an den Anzeigerstatter Horst Müller, Steingasse 17, 63736 Aschaffenburg[23]
> III. Mitteilung von I formlos ohne Gründe an den Beschuldigten[24]
> IV. Abdruck von I zur Kenntnisnahme an die Staatsanwaltschaft Hamburg zum Az. 17 Js 2936/ 20
> V. WV mE, sp. am …[25]
>
> Baumgärtner
> Staatsanwältin«

---

22 Vgl. Nr. 5, 101 RiStBV.
23 Vgl. Nr. 101 II, 89 I RiStBV und → Rn. 226 ff.
24 → Rn. 229 ff.
25 → Rn. 257.

2. Endgültige Einstellung

257 Nach der *vorläufigen* Einstellung des Verfahrens nach § 154 I StPO muss das Verfahren beobachtet werden, das Anlass für die Einstellung war. Erfüllt sich die Erwartung, die der vorläufigen Einstellung zugrunde lag, nicht (zB durch Einstellung des Ermittlungsverfahrens gem. § 170 II 1 StPO oder Nichteröffnung des Hauptverfahrens bzw. Freispruch durch das Gericht oder auch durch eine nur geringe Strafe), kann der Staatsanwalt das Verfahren wieder aufnehmen und den Beschuldigten nach Abschluss der Ermittlungen wegen Diebstahls geringwertiger Sachen anklagen. Wird dagegen das Verfahren nicht wieder aufgenommen (zB wenn der Beschuldigte vom Landgericht Hamburg wegen Mordes verurteilt worden ist), erfolgt die endgültige Einstellung nach § 154 I Nr. 1 StPO.

258 »Staatsanwaltschaft Aschaffenburg
107 Js 795/21

Verfügung

I. Das Ermittlungsverfahren wird nach § 154 I Nr. 1 StPO endgültig eingestellt.
Gründe:
Der Beschuldigte wurde durch Urteil des Landgerichts Hamburg vom 16.3.2021 rechtskräftig wegen Mordes zu lebenslanger Freiheitsstrafe verurteilt. Die Strafe, die er im gegenwärtigen Verfahren zu erwarten hätte, fiele daneben nicht ins Gewicht.
II. Mitteilung von I formlos an den Anzeigeerstatter Horst Müller, Steingasse 17, 63736 Aschaffenburg[26]
III. Mitteilung von I formlos ohne Gründe an den Beschuldigten[27]
IV. Weglegen.

Baumgärtner
Staatsanwältin«

259 Auch nach einer endgültigen Einstellung des Verfahrens gem. § 154 I StPO kann die Staatsanwaltschaft das Verfahren bis zur Verjährung wiederaufnehmen. Das wird aber nur geschehen, sofern die Voraussetzungen des § 154 I StPO nachträglich entfallen.

260 Wird das Verfahren im Hinblick auf eine schon rechtskräftig erkannte Strafe eingestellt, handelt es sich nicht um eine vorläufige, sondern sofort um eine endgültige Einstellung. In diesem Fall ist das Verfahren sogleich endgültig nach § 154 I StPO einzustellen.

II. Ein Ermittlungsverfahren – mehrere prozessuale Taten

261 In Klausuren geht es regelmäßig um die (Teil-)Einstellung *eines* Ermittlungsverfahrens nach § 154 I StPO.

1. Vorläufige Einstellung

262 Die Einstellung einer prozessualen Tat im Rahmen *eines* Ermittlungsverfahrens wegen mehrerer prozessualer Taten erfolgt zunächst stets nur vorläufig, weil der Ausgang des Verfahrens hinsichtlich der nicht eingestellten Taten noch unbekannt ist.

263 **Beispiel:** Gegen A ist ein Ermittlungsverfahren wegen eines am 14.3. begangenen schweren Raubes und eines Diebstahls, begangen am 5.4., anhängig. Die wegen Diebstahls zu erwartende Strafe fällt neben der Strafe, die A wegen schweren Raubes zu erwarten hat, nicht beträchtlich ins Gewicht.

---

26 Vgl. Nr. 101 II, 89 I RiStBV.
27 → Rn. 229 ff.

»Staatsanwaltschaft Aschaffenburg   **264**
110 Js 684/21

Verfügung

I. Das Ermittlungsverfahren wird nach § 154 I Nr. 1 StPO vorläufig eingestellt, soweit dem Beschuldigten ein Diebstahl zur Last liegt.
Gründe:
Die Strafe, zu der die Verfolgung wegen Diebstahls führen kann, fällt neben der Strafe, die der Beschuldigte im vorliegenden Verfahren wegen eines schweren Raubes zu erwarten hat, nicht beträchtlich ins Gewicht.[28]
II. Mitteilung von I formlos ohne Gründe an den Beschuldigten.[29]
III. Im Übrigen sind die Ermittlungen abgeschlossen.
IV. Anklage nach gesondertem Entwurf.
V. Mit Akten an das Landgericht – Große Strafkammer – Aschaffenburg.

Berger
Staatsanwalt«

2. Endgültige Einstellung

Nach rechtskräftigem Abschluss der angeklagten Tat(en) ist zu prüfen, ob das Verfahren   **265**
wegen der vorläufig eingestellten Tat wieder aufgenommen oder endgültig eingestellt werden muss. Hat sich die Erwartung, die der vorläufigen Einstellung zugrunde lag, nicht erfüllt (zB A ist vom Vorwurf des schweren Raubes freigesprochen worden), wird das Verfahren wegen Diebstahls wieder aufgenommen. Ist die Fortführung des Verfahrens nicht erforderlich, wird der vorläufig eingestellte Teil des Verfahrens endgültig eingestellt. Da der Staatsanwalt zu diesem Zeitpunkt keinen Zugriff auf die Akten hat, vermerkt er die endgültige Einstellung in den Handakten

»Staatsanwaltschaft Aschaffenburg   **266**
110 Js 684/21

I. Vermerk: Der Beschuldigte wurde am 20.1.2021 wegen schweren Raubes rechtskräftig zu einer Freiheitsstrafe von 6 Jahren verurteilt. Das Urteil ist seit demselben Tag rechtskräftig. Soweit das Verfahren wegen Diebstahls vorläufig eingestellt wurde, ist eine Wiederaufnahme im Hinblick auf die rechtskräftige Verurteilung nicht erforderlich.
II. Zu den Handakten
III. Weglegen.

Berger
Staatsanwalt«

D. Beschränkung der Strafverfolgung

Die Verfolgungsbeschränkung nach § 154a StPO unterscheidet sich von der Einstellung nach   **267**
§ 154 StPO dadurch, dass die Anwendung des § 154a StPO *eine* prozessuale Tat, § 154 StPO dagegen mindestens *zwei* Taten im prozessualen Sinn voraussetzt:[30] § 154a StPO ermöglicht nur eine Verfolgungsbeschränkung, während § 154 StPO eine »echte« Einstellungsnorm ist.[31] Allein unter den Voraussetzungen des § 154a I StPO ist die Verfolgungsbeschränkung bei hinreichendem Tatverdacht im Rahmen einer prozessualen Tat möglich.

---

28 Im Falle einer Amtsanzeige können die Gründe einer Einstellungsverfügung kurz sein; sie brauchen für einen Laien nicht verständlich sein.
29 Eine Mitteilung an den Anzeigeerstatter entfällt bei einer Amtsanzeige.
30 Meyer-Goßner/Schmitt/*Schmitt* StPO § 154a Rn. 1.
31 *v. Heintschel-Heinegg* JA 1990, 134.

268 Kann die Strafverfolgung nach § 154a StPO beschränkt werden, soll der Staatsanwalt von dieser Möglichkeit Gebrauch machen, wenn dies das Verfahren vereinfacht, Nr. 101a I 1 RiStBV. Dies gilt auch für die Assessorklausur. Da es sich bei der Verfolgungsbeschränkung nicht um eine Einstellung handelt, die prozessuale Tat vielmehr verfolgt wird, ergeht keine Einstellungsverfügung und es erfolgen grundsätzlich keine Mitteilungen.[32] Die Beschränkung geschieht in einem Vermerk in der Verfügung vor der Anklageschrift, § 154a I 3 StPO, und in der Anklageschrift ist darauf hinzuweisen, Nr. 101a III, 110 II e RiStBV. Der Hinweis in der Anklageschrift ist in das wesentliche Ergebnis der Ermittlungen aufzunehmen. Bei Anklagen ohne Ermittlungsergebnis (§ 200 II 2 StPO) und bei Strafbefehlen erfolgt der Hinweis nach der rechtlichen Würdigung.[33]

> »Von der Verfolgung wird der Diebstahl nach § 154a I StPO ausgeschieden.«

269 **Beispiel:** A wird beschuldigt, am 14.3. einen schweren Raub in Tateinheit mit einer Beleidigung begangen zu haben. Die Beleidigung fällt für die wegen schweren Raubes zu erwartende Freiheitsstrafe nicht beträchtlich ins Gewicht.

270 »Staatsanwaltschaft Aschaffenburg
111 Js 884/21

Verfügung

I. Vermerk: Das Verfahren gegen den Beschuldigten wird gem. § 154a I StPO beschränkt auf den schweren Raub nach §§ 249, 250 II Nr. 1 StGB; deshalb hat er eine mehrjährige Freiheitsstrafe zu erwarten; ausgeschieden wird die Beleidigung nach § 185 StGB, da diese für die zu erwartende Strafe nicht beträchtlich ins Gewicht fällt.
II. Die Ermittlungen sind abgeschlossen.
III. Anklage nach gesondertem Entwurf.
IV. Mit Akten an das Landgericht – Große Strafkammer – Aschaffenburg.

Berger
Staatsanwalt«

E. Behandlung von Privatklagedelikten

I. Innerhalb einer prozessualen Tat liegen ausschließlich Privatklagedelikte vor

271 Liegen innerhalb einer prozessualen Tat ausschließlich Privatklagedelikte nach § 374 I Nr. 1–8 StPO vor,[34] ist – wie sonst auch – zu prüfen, ob ein hinreichender Tatverdacht vorliegt. Zusätzlich ist bei Privatklagedelikten (im Gegensatz zu den Offizialdelikten) zu prüfen, ob an der Erhebung der öffentlichen Klage ein öffentliches Interesse nach § 376 StPO besteht. Nach Nr. 86 II RiStBV ist ein öffentliches Interesse in der Regel anzunehmen, »wenn der Rechtsfrieden über den Lebenskreis des Verletzten hinaus gestört und die Strafverfolgung ein gegenwärtiges Anliegen der Allgemeinheit ist, zB wegen des Ausmaßes der Rechtsverletzung, wegen der Rohheit oder Gefährlichkeit der Tat, der niedrigen Beweggründe des Täters oder der Stellung des Verletzten im öffentlichen Leben. Ist der Rechtsfrieden über den Lebenskreis des Verletzten hinaus nicht gestört worden, so kann ein öffentliches Interesse auch dann vorliegen, wenn dem Verletzten wegen seiner persönlichen Beziehung zum Täter nicht zugemutet werden kann, die Privatklage zu erheben, und die Strafverfolgung

---

32 **Ausnahme:** Wird eine von mehreren realkonkurrierenden Straftaten, die durch eine prozessuale Tat begangen worden ist, nach § 154a StPO ausgeschieden, bedarf der Anzeigende einer Information, wenn er durch die nicht verfolgte Teiltat verletzt worden ist, *Solbach* NStZ 1987, 352.

33 KK-StPO/*Schneider* § 200 Rn. 24.

34 Die Aufzählung ist erschöpfend; § 374 I Nr. 1–6a StPO sind Vorschriften aus dem Besonderen Teil des StGB, Nr. 7 und 8 solche aus dem Nebenstrafrecht.

ein gegenwärtiges Anliegen der Allgemeinheit ist. »Für bestimmte Deliktsgruppen geben die RiStBV weitere Hinweise, wann das öffentliche Interesse vorliegt.[35] Dieses »öffentliche Interesse« ist nur eine bei den Privatklagedelikten zusätzlich zu prüfende Prozessvoraussetzung. Liegt eine verfolgbare Straftat mit Ausnahme des öffentlichen Interesses vor, ist das Ermittlungsverfahren nach § 170 II 1 StPO einzustellen. Die Einstellungsverfügung entspricht derjenigen bei einem Offizialdelikt.[36] Besteht hinreichender Tatverdacht einschließlich des öffentlichen Interesses, wird öffentliche Klage wegen der Privatklagedelikte erhoben.

Das »besondere öffentliche Interesse« in verschiedenen Vorschriften des StGB, vor allem in **272** §§ 230 I und 248a, unterscheidet sich von dem »öffentlichen Interesse« iSd § 376 StPO dadurch, dass sein Vorliegen eine Anklageerhebung auch ohne Strafantrag ermöglicht. Die (bloße) Bejahung des »öffentlichen Interesses« nach § 376 StPO ersetzt dagegen den Strafantrag nicht.[37] Bejaht allerdings der Staatsanwalt bei bedingten Antragsdelikten bei fehlendem Strafantrag das »besondere öffentliche Interesse« (zB bei §§ 223, 230 StGB), hat er damit inzident auch das »öffentliche Interesse« des § 376 StPO bejaht.

> **Beispiel:** A soll seinen Nachbarn N am 28.1.2021 beleidigt haben. Dieser hat am 2.2.2021 **273** Strafantrag gestellt; es besteht hinreichender Tatverdacht. Da es sich aber nur um eine private Auseinandersetzung ohne irgendwelche weiteren Folgen handelt, ist das öffentliche Interesse zu verneinen, § 376 StPO, Nr. 86 II, 229 I RiStBV.

»Staatsanwaltschaft Aschaffenburg **274**
103 Js 798/21

Verfügung

I. Das Ermittlungsverfahren wird gem. § 170 II 1 StPO eingestellt.
Gründe:
Dem Beschuldigten liegt zur Last, seinen Nachbarn N am 28.1.2021 mit den Worten: »Du bist das größte Schwein, das ich je gesehen habe« beleidigt zu haben.
An der Erhebung der öffentlichen Klage besteht kein öffentliches Interesse. Es handelt sich nämlich um eine private Auseinandersetzung zwischen verfeindeten Nachbarn ohne irgendwelche weiteren Folgen. Der Rechtsfrieden ist über den Lebenskreis des Verletzten hinaus nicht gestört worden, sodass die Strafverfolgung kein gegenwärtiges Anliegen der Allgemeinheit ist.
Das Verfahren war somit einzustellen.
Die Geltendmachung zivilrechtlicher Ansprüche wird hierdurch nicht berührt.
II. Mitteilung von I formlos an den Anzeigeerstatter Hans Neubeck, Kirchplatz 1, 63736 Aschaffenburg mit Verweisung auf den Privatklageweg.[38]
III. Mitteilung von I formlos ohne Gründe an den Beschuldigten.
IV. Weglegen

Scharf
Staatsanwalt«

Bejaht die Staatsanwaltschaft das öffentliche Interesse, muss sie wegen des/der Privatklagede- **275** likte(s) öffentliche Klage erheben.

---

35 Vgl. Nr. 229 RiStBV für Beleidigungen und Nr. 233 RiStBV für Körperverletzungen.
36 → Rn. 234 ff.
37 Meyer-Goßner/Schmitt/*Schmitt* StPO § 376 Rn. 3.
38 **Hinweis:** Mit der Verfügung wird dem Anzeigeerstatter Folgendes mitgeteilt: »Bescheid: Das Ermittlungsverfahren wird gem. § 170 II 1 StPO eingestellt. Gründe: Die Anzeige betrifft eine Straftat, die von dem Anzeigeerstatter gem. § 374 StPO im Wege der Privatklage selbst bei Gericht verfolgt werden kann. Da ein öffentliches Interesse an der Strafverfolgung von Amts wegen gem. § 376 StPO nicht besteht, führt die Staatsanwaltschaft kein Strafverfahren durch, sondern stellt es dem Anzeigeerstatter anheim, den Privatklageweg zu beschreiten. Gegenstand der Anzeige ist eine private Auseinandersetzung zwischen verfeindeten Nachbarn ohne irgendwelche weiteren Folgen. Dadurch wurde der Rechtsfrieden über den Lebenskreis des Anzeigeerstatters hinaus nicht gestört. Die Strafverfolgung ist auch kein gegenwärtiges Anliegen der Allgemeinheit. Scharf Staatsanwalt«

276 Prüfungsschema für die Abschlussverfügung bei einem Privatklagedelikt[39]

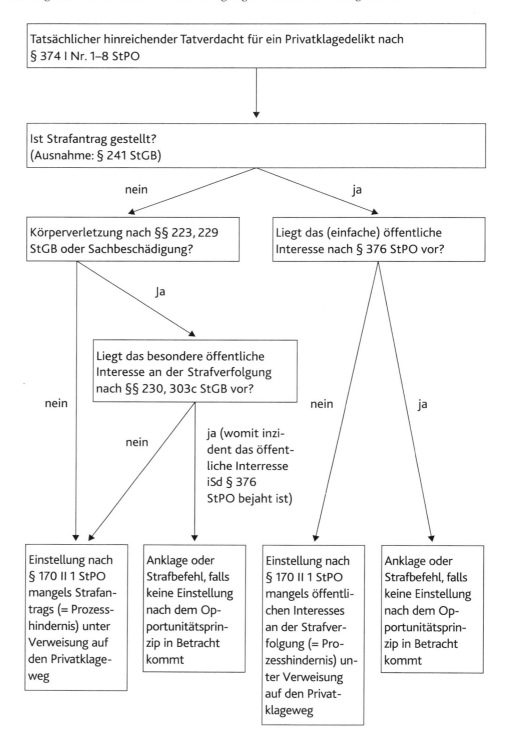

---

39 *v. Heintschel-Heinegg* JA 1990, 115.

II. Zusammentreffen von Offizial- und Privatklagedelikten innerhalb einer prozessualen Tat

1. Hinreichender Tatverdacht für ein strafbares Verhalten

Bei Zusammentreffen von Offizial- und Privatklagedelikten in einer prozessualen Tat kommt dem Offizialverfahren nach dem Grundsatz der umfassenderen Jurisdiktion stets der Vorrang zu, das oder die Privatklagedelikte sind mit einem Offizialdelikt stets mitzuverfolgen, ohne dass es auf das öffentliche Interesse nach § 376 StPO ankommt.[40] Für das Privatklageverfahren besteht ein Verfahrenshindernis.   **277**

Beispiel: Gegen A besteht hinreichender Tatverdacht wegen Widerstands gegen Vollstreckungsbeamte in Tateinheit mit einer vorsätzlichen Körperverletzung. – Für die Abschlussverfügung stehen drei Möglichkeiten zur Verfügung: **(1)** Die Staatsanwaltschaft kann wegen beider Delikte öffentliche Klage erheben. **(2)** Die Staatsanwaltschaft kann die Verfolgung gem. § 154a I StPO auf eines der beiden Delikte beschränken (das Delikt, das ausgeschieden wird, muss nicht notwendig das Privatklagedelikt sein!). **(3)** Die Staatsanwaltschaft kann auch das gesamte Verfahren nach § 153 I StPO bzw. § 153a I StPO einstellen. Damit ist das Verfahren insgesamt abgeschlossen. Der Verletzte ist dann nicht mehr berechtigt, Privatklage zu erheben.[41]   **278**

2. Kein hinreichender Tatverdacht für ein strafbares Verhalten

Besteht ein hinreichender Tatverdacht weder für das Offizial- noch für das Privatklagedelikt, ist das Ermittlungsverfahren nach § 170 II 1 StPO einzustellen.   **279**

Beispiel: Gegen A besteht kein hinreichender Tatverdacht wegen Widerstands gegen Vollstreckungsbeamte in Tateinheit mit einer vorsätzlichen Körperverletzung.   **280**

»Staatsanwaltschaft Aschaffenburg   **281**
106 Js 1027/21

Verfügung

I. Das Ermittlungsverfahren gegen den Beschuldigten wird gem. § 170 II 1 StPO eingestellt.
Gründe:
Dem Beschuldigten lag zur Last, am 26.2.2021 bei einer Vollstreckungshandlung des Polizeibeamten Müller Widerstand geleistet und diesen dabei mit der Faust geschlagen zu haben. Die durchgeführten Ermittlungen haben ergeben, dass der Beschuldigte nicht mit der zur Anklageerhebung ausreichenden Sicherheit zu überführen ist. Er selbst hat den Vorwurf abgestritten und angegeben, es seien andere gewesen, die Widerstand geleistet und den Polizeibeamten geschlagen hätten. Da sich auch der Polizeibeamte Müller nicht genau daran erinnern konnte, ob der Beschuldigte einer der Täter war, war das Verfahren mangels Tatnachweises einzustellen.
II. Mitteilung von I mit Beschwerdebelehrung zustellen an PHM Walter Müller, Polizeiinspektion Aschaffenburg-Stadt[42]
III. Mitteilung von I formlos ohne Gründe an den Beschuldigten.
IV. WV mE, sp... (nach Ablauf der Beschwerdefrist)

Joachim
Staatsanwältin«

---

40 Meyer-Goßner/Schmitt/*Schmitt* StPO § 376 Rn. 9 f.; *v. Heintschel-Heinegg* JA 1990, 116.
41 Meyer-Goßner/Schmitt/*Schmitt* StPO § 376 Rn. 11 mwN.
42 **Hinweis:** Die Mitteilung an den Anzeigerstatter enthält keinen einschränkenden Hinweis hinsichtlich des Klageerzwingungsverfahrens für das Privatklagedelikt. Die Tat ist nämlich nur einheitlich verfolgbar; hat die Beschwerde Erfolg, wird die Tat unter allen Gesichtspunkten neu geprüft; so auch *Joachimski/Haumer* StrafverfahrensR 95; *v. Heintschel-Heinegg* JA 1990, 136.

3. Hinreichender Tatverdacht nur für Privatklagedelikt

282 Besteht für das Privatklagedelikt ein öffentliches Interesse nach § 376 StPO, ist dieses anzuklagen bzw. ein Strafbefehl zu beantragen.[43] Die Tatsache, dass bezüglich des Offizialdelikts kein hinreichender Tatverdacht besteht, ist in einem Aktenvermerk festzuhalten.

283 **Beispiel:** A liegt Widerstand gegen Vollstreckungsbeamte in Tateinheit mit vorsätzlicher Körperverletzung zur Last. Für den Widerstand gegen Vollstreckungsbeamte besteht kein hinreichender Tatverdacht. Bei der vorsätzlichen Körperverletzung sind hinreichender Tatverdacht und das öffentliche Interesse nach § 376 StPO gegeben.

284 »Staatsanwaltschaft Aschaffenburg
107 Js 998/21

Verfügung

I. Vermerk: Dem Beschuldigten kann ein Widerstand gegen Vollstreckungsbeamte nach § 113 I StGB nicht zur Last gelegt werden. Beobachtet nämlich ein Polizeibeamter, der allgemein zur Bekämpfung schwerer Ausschreitungen eingesetzt ist, eine Personengruppe, von der möglicherweise Straftaten zu erwarten sind, um gegebenenfalls schnell einschreiten zu können, macht das seine Diensthandlung noch nicht zur Vollstreckungshandlung iSd § 113 I StGB (BGH NStZ 1989, 121).
II. Die Ermittlungen sind abgeschlossen.
III. Anklage (oder Strafbefehlsantrag) nach gesondertem Entwurf.[44]
IV. Mit Akten an das Amtsgericht – Strafrichter – Aschaffenburg.

Huber
Staatsanwalt«

285 Besteht für das Privatklagedelikt kein öffentliches Interesse nach § 376 StPO, ist das Verfahren nach § 170 II 1 StPO einzustellen; für das Privatklagedelikt fehlt es am öffentlichen Interesse und für das Offizialdelikt besteht kein hinreichender Tatverdacht.

286 **Beispiel:** A liegt zur Last, den B körperlich misshandelt zu haben mit der Folge, dass dieser das Sehvermögen auf einem Auge verlor und ihn gleichzeitig mit dem Ausdruck: »Du Dreckhund« beleidigt zu haben (Schwere Körperverletzung nach § 226 I Nr. 1 StGB in Tateinheit mit Beleidigung nach § 185 StGB)

287 »Staatsanwaltschaft Aschaffenburg
104 Js 712/21

Verfügung

I. Das Ermittlungsverfahren gegen den Beschuldigten wird gem. § 170 II 1 StPO eingestellt.
Gründe:
Dem Beschuldigten liegt zur Last, am 26.2.2021 den Anzeigeerstatter Berg körperlich misshandelt zu haben mit der Folge, dass dieser das Sehvermögen auf einem Auge verlor und ihn gleichzeitig beleidigt zu haben.
Die durchgeführten Ermittlungen haben ergeben, dass der Beschuldigte hinsichtlich der schweren Körperverletzung nicht mit der zur Anklageerhebung ausreichenden Sicherheit zu überführen ist. Er selbst hat den Vorwurf abgestritten und angegeben, lediglich die anderweit Verfolgten Meier und Müller hätten auf den Anzeigeerstatter eingeschlagen. Da er von diesen nicht belastet wurde und der Anzeigeerstatter hierzu keine sachdienlichen Angaben machen konnte, war ein Tatnachweis insoweit nicht zu führen.
Den Vorwurf der Beleidigung hat der Beschuldigte eingeräumt. Aber auch diesbezüglich war das Verfahren einzustellen, weil kein öffentliches Interesse an der Erhebung der öffentlichen

---

43 **Hinweis:** Möglich wäre auch, das gesamte Verfahren nach § 153 I StPO oder § 153a I StPO einzustellen, → Rn. 297 ff. Ein Privatklageverfahren ist dann allerdings nicht mehr möglich.
44 Wegen der vorsätzlichen Körperverletzung ist öffentliche Klage zu erheben.

> Klage besteht, § 376 StPO. Der Beschuldigte ist nämlich zuvor vom Anzeigeerstatter körperlich angegriffen und verbal gereizt worden. Außerdem handelte es sich um eine Streitigkeit zwischen Arbeitskollegen. In Anbetracht dieser Umstände ist der Rechtsfrieden über den Lebenskreis des Verletzten hinaus nicht gestört worden, sodass die Strafverfolgung kein gegenwärtiges Anliegen der Allgemeinheit ist.
> Das Verfahren war somit einzustellen.
> II. Mitteilung von I mit Beschwerdebelehrung zustellen an Otto Berg, Müllerstraße 1, 63736 Aschaffenburg[45]
> III. Mitteilung von I formlos ohne Gründe an den Beschuldigten
> IV. WV mE, sp. … (nach Ablauf der Beschwerdefrist)
>
> Stenger
> Staatsanwalt«

4. Hinreichender Tatverdacht nur für Offizialdelikt

Besteht ein hinreichender Tatverdacht nur für das Offizialdelikt, nicht jedoch für das Privatklagedelikt, ist das Offizialdelikt anzuklagen bzw. ein Strafbefehl zu beantragen.[46] Die Tatsache, dass bezüglich des Privatklagedelikts kein hinreichender Tatverdacht besteht, ist in einem Aktenvermerk festzuhalten.[47] **288**

III. Offizial- und Privatklagedelikte bilden mehrere prozessuale Taten

1. Hinreichender Tatverdacht für Offizial- und Privatklagedelikt

Bilden Offizial- und Privatklagedelikt zwei prozessuale Taten (Diebstahl am 15.2. und Beleidigung am 27.2.) und besteht für beide Delikte hinreichender Tatverdacht sowie für das Privatklagedelikt das öffentliche Interesse nach § 376 StPO, muss der Staatsanwalt wegen beider Delikte anklagen oder einen Antrag auf Erlass eines Strafbefehls stellen.[48] **289**

Besteht an der Verfolgung der Beleidigung kein öffentliches Interesse nach § 376 StPO, ist eine Teileinstellung nach § 170 II 1 StPO hinsichtlich der Beleidigung mit Verweisung auf den Privatklageweg zu fertigen und im Übrigen das Offizialdelikt anzuklagen.[49] **290**

2. Kein hinreichender Tatverdacht für Offizial- und Privatklagedelikt

Besteht ein hinreichender Tatverdacht weder für das Offizial- noch für das Privatklagedelikt, ist das Ermittlungsverfahren wegen beider prozessualer Taten nach § 170 II 1 StPO einzustellen. **291**

Beispiel: Es besteht weder hinreichender Tatverdacht für einen am 15.2.2021 begangenen Diebstahl noch für eine am 27.2.2021 begangene Beleidigung. **292**

> »Staatsanwaltschaft Aschaffenburg **293**
> 105 Js 1124/21
>
> Verfügung
>
> I. Das Ermittlungsverfahren gegen den Beschuldigten wird nach § 170 II 1 StPO eingestellt,
> 1. soweit ihm ein am 15.2.2021 begangener Diebstahl und

---

45 Die Mitteilung an den Anzeigeerstatter enthält keinen einschränkenden Hinweis darauf, dass sich die Beschwerdemöglichkeit nur auf das Offizialdelikt bezieht; so auch *v. Heintschel-Heinegg* JA 1990, 136.
46 Möglich wäre auch, das gesamte Verfahren nach § 153 I StPO oder § 153a I StPO einzustellen.
47 Die Verfügung wird wie → Rn. 248 gefertigt.
48 Möglich ist auch, die Beleidigung nach § 154 I StPO einzustellen und den Diebstahl anzuklagen.
49 → Rn. 274; wird der Beschuldigte wegen des Offizialdelikts und im Privatklageverfahren wegen Beleidigung (jeweils getrennt) verurteilt, muss nachträglich eine Gesamtstrafe nach § 55 StGB, §§ 460, 462 StPO gebildet werden.

> 2. eine Beleidigung, begangen am 27.2.2021, zur Last liegen.
>
> Gründe:
>
> 1. Dem Beschuldigten liegt zur Last, am 15.2.2021 ein dem Heinz Müller gehörendes Fahrrad im Wert von 300 EUR vor dessen Haus in der Karlstraße 1 in Aschaffenburg entwendet zu haben.
>
> Die durchgeführten Ermittlungen haben ergeben, dass der Beschuldigte nicht mit der zur Anklageerhebung ausreichenden Sicherheit zu überführen ist. Er selbst hat den Vorwurf in vollem Umfang abgestritten. Da der Anzeigeerstatter keine sicheren Angaben machen konnte und sonstige Beweismittel nicht zur Verfügung stehen, war das Verfahren mangels Tatnachweises einzustellen.
>
> 2. Dem Beschuldigten liegt zur Last, seinen Nachbarn Bernd Schüßler am 27.2.2021 mit den Worten: »Du alter Idiot« beleidigt zu haben.
>
> Die durchgeführten Ermittlungen haben ergeben, dass der Beschuldigte nicht mit der zur Anklageerhebung ausreichenden Sicherheit zu überführen ist. Er hat den Vorwurf in vollem Umfang abgestritten. Da der Anzeigeerstatter keine sicheren Angaben machen konnte und sonstige Beweismittel nicht zur Verfügung stehen, war das Verfahren mangels Tatnachweises einzustellen.
>
> II. Mitteilung von I 1 mit Beschwerdebelehrung zustellen an den Anzeigeerstatter Heinz Müller, Karlstraße 1, 63736 Aschaffenburg und Mitteilung von I 2 formlos an den Anzeigeerstatter Bernd Schüßler, Schlossgasse 14, 63736 Aschaffenburg mit Verweisung auf den Privatklageweg.[50]
>
> III. Mitteilung von I formlos ohne Gründe an den Beschuldigten
>
> IV. WV m E, sp... (nach Ablauf der Beschwerdefrist)
>
> Weiß
>
> Staatsanwalt«

3. Hinreichender Tatverdacht nur für Privatklagedelikt

294 Besteht für das Privatklagedelikt ein öffentliches Interesse nach § 376 StPO, ist dieses anzuklagen bzw. ein Strafbefehl zu beantragen. Bezüglich des Offizialdelikts muss eine Teileinstellung nach § 170 II 1 StPO erfolgen.[51]

295 Besteht für das Privatklagedelikt kein öffentliches Interesse nach § 376 StPO, ist das Ermittlungsverfahren nach § 170 II 1 StPO hinsichtlich beider Delikte einzustellen.[52]

4. Hinreichender Tatverdacht nur für Offizialdelikt

296 Besteht ein hinreichender Tatverdacht nur für das Offizialdelikt, nicht jedoch für das Privatklagedelikt, ist das Offizialdelikt anzuklagen bzw. ein Strafbefehl zu beantragen. Bezüglich des Privatklagedelikts muss eine Teileinstellung nach § 170 II 1 StPO erfolgen; die Mitteilung hat zu lauten:

> »Mitteilung von I formlos an den Anzeigeerstatter Otto Müller, Hauptstraße 4, 63736 Aschaffenburg unter Verweisung auf den Privatklageweg.«

---

50 **Hinweis:** Ist bei beiden Taten derselbe Verletzter und Anzeigeerstatter, ist die Beschwerdebelehrung wie folgt einzuschränken: »Die Beschwerdebelehrung bezieht sich nur auf die Einstellung des Verfahrens wegen Diebstahls. Hinsichtlich der Einstellung des Verfahrens wegen Beleidigung kann die Verfolgung durch den Anzeigeerstatter selbst im Wege der Privatklage erfolgen.«

51 → Rn. 281.

52 Die Mitteilungen an die jeweiligen Anzeigeerstatter und den Beschuldigten erfolgt entsprechend → Rn. 293.

F. Einstellung der prozessualen Tat wegen geringer Schuld, §§ 153, 153a StPO

In Klausuren hat die Einstellung wegen geringer Schuld nach § 153 I StPO oder § 153a I   297
StPO – im Gegensatz zur Praxis – keine zentrale Bedeutung. Meist hat nämlich der Beschuldigte so viele Straftaten begangen, dass schon die Schwere der Schuld einer solchen Sachbehandlung entgegensteht. Manchmal ist auch ausdrücklich im Bearbeitervermerk die Einstellung wegen geringer Schuld ausgeschlossen. Das Legalitätsprinzip zwingt entweder zur Anklageerhebung oder zur Einstellung des Verfahrens. In §§ 153 und 153a StPO ist es allerdings zugunsten des Opportunitätsprinzips durchbrochen.[53] In diesen Fällen kann die Staatsanwaltschaft statt einer Anklage bzw. einem Antrag auf Erlass eines Strafbefehls einstellen. Die Einstellung des Verfahrens nach § 170 II 1 StPO mangels hinreichenden Tatverdachts geht aber der Einstellung des Verfahrens aufgrund einer Ausnahme vom Verfolgungszwang stets vor!

I. Einstellung nach § 153 StPO

Ist der Beschuldigte eines *Vergehens* (nicht Verbrechen!) hinreichend verdächtig, erscheint   298
seine Schuld gering und besteht ferner kein öffentliches Interesse an der Strafverfolgung,
kann das Verfahren nach § 153 I StPO eingestellt werden. Grundsätzlich ist hierfür die
Zustimmung des Gerichts erforderlich; entbehrlich ist sie allerdings bei geringen Folgen eines
Vergehens, für das im Gesetz keine im Mindestmaß erhöhte Strafe angedroht wird, § 153 I 2
StPO.

»Staatsanwaltschaft Aschaffenburg   299
102 Js 497/21

Verfügung

I. Das Verfahren wird gem. § 153 I StPO eingestellt.
Gründe:
Der Beschuldigte hat gestanden, eine Fischwilderei nach § 293 Nr. 1 StGB begangen zu
haben. Da er mit dem Fischen noch keinen Erfolg hatte und bislang nicht vorbestraft ist,
wäre die Schuld, auch wenn sie vom Gericht festgestellt würde, als gering anzusehen; zudem
besteht an der Strafverfolgung kein öffentliches Interesse. Das Verfahren war somit ohne
Zustimmung des Gerichts[54] einzustellen.
II. Mitteilung von I formlos an Anzeigeerstatter Hans Fuchs, Marienplatz 17, 63736 Aschaffenburg[55]
III. Mitteilung von I formlos ohne Gründe an den Beschuldigten
IV. Weglegen

Herbst
Staatsanwalt«

II. Einstellung nach § 153a StPO

Besteht ein öffentliches Interesse an der Strafverfolgung und steht die Schwere der Schuld   300
nicht entgegen, kann die Staatsanwaltschaft mit Zustimmung des Gerichts und des Beschuldigten bei einem *Vergehen* (nicht Verbrechen!) *vorläufig* von der Erhebung der öffentlichen
Klage absehen und dem Beschuldigten gleichzeitig Auflagen machen und Weisungen erteilen,

---

53 Das ist auch bei den §§ 153b–f und 154, 154b–f StPO der Fall.
54 § 293 StGB ist nicht mit einer im Mindestmaß erhöhten Strafe bedroht und durch die Tat ist kein Schaden
    entstanden, § 153 I 2 StPO.
55 **Hinweis:** Das Klageerzwingungsverfahren ist nach § 172 II 3 StPO ausgeschlossen, deshalb erfolgt keine
    Zustellung mit Beschwerdebelehrung.

wenn diese Auflagen und Weisungen geeignet sind, das öffentliche Interesse an der Strafverfolgung zu beseitigen, § 153a I 1 StPO. Die Zustimmung des Gerichts ist bei § 153a I 7 iVm § 153 I 2 StPO nicht erforderlich.

301 »Staatsanwaltschaft Aschaffenburg
102 Js 889/21

Verfügung

I. Von der Erhebung der öffentlichen Klage wird gem. § 153a I 1 StPO vorläufig abgesehen. Dem Beschuldigten wird zur Auflage gemacht, bis zum ...[56] 200 EUR an die Staatskasse zu zahlen.
Gründe:
Dem Beschuldigten liegt zur Last, am 28.1.2021 im Kaufhaus Horten in der Würzburger Straße 24 in Aschaffenburg einen Rasierapparat im Wert von 45 EUR entwendet und sich dadurch eines Diebstahls gem. § 242 I StGB strafbar gemacht zu haben.[57] Der Beschuldigte ist nicht vorbestraft und hat die Tat gestanden. In Anbetracht dieser Umstände und der Tatsache, dass der Wert des entwendeten Rasierapparates nicht hoch gewesen ist, ist die Schuld gering. Zur Beseitigung des öffentlichen Interesses an der Strafverfolgung ist unter Berücksichtigung der Einkommensverhältnisse des Beschuldigten die Zahlung eines Geldbetrages von 200 EUR angemessen.
II. Mitteilung von I formlos an Anzeigeerstatter Franz Horten, Würzburger Straße 24, 63736 Aschaffenburg
III. Mitteilung von I formlos ohne Gründe an Beschuldigten
IV. WV mE, sp. ... (nach Fristablauf)

Maier
Staatsanwältin«

302 Hat der Beschuldigte die Auflage erfüllt, stellt die Staatsanwaltschaft das Verfahren endgültig ein.

303 »Staatsanwaltschaft Aschaffenburg
102 Js 889/21

Verfügung

I. Das Ermittlungsverfahren wird gem. § 153a I 5 StPO endgültig eingestellt, da der Beschuldigte die Auflage erfüllt hat.
II. Mitteilung von I formlos an Anzeigeerstatter Franz Horten, Würzburger Straße 24, 63736 Aschaffenburg
III. Mitteilung von I formlos ohne Gründe an Beschuldigten
IV. Weglegen.

Maier
Staatsanwältin«

304 Kommt der Beschuldigte der Auflage nicht nach, wird das Verfahren fortgesetzt und öffentliche Klage erhoben.

G. Einstellung bei Absehen von Strafe, § 153b StPO

305 Nach § 153b I StPO kann die Staatsanwaltschaft mit Zustimmung des Gerichts, das für die Hauptverhandlung zuständig wäre, von der Erhebung der öffentlichen Klage absehen, wenn

---

56 Vgl. § 153a I 2 Nr. 2 StPO.
57 **Hinweis:** In Bayern wird von § 153a StPO idR wie folgt Gebrauch gemacht: Einstellung ohne Zustimmung des Gerichts bei Wert des Diebesgutes bis etwa 80 EUR und mit Zustimmung des Gerichts bei Wert von etwa 80 EUR bis 100 EUR.

die Voraussetzungen vorliegen, unter denen das Gericht von Strafe absehen könnte. Diese Einstellungsmöglichkeit hat durch das »Gesetz zur Änderung des Strafgesetzbuches, der Strafprozessordnung und anderer Gesetze (Verbrechensbekämpfungsgesetz)«, das am 1.12.1994 in Kraft getreten ist, an Bedeutung gewonnen. »Aushängeschild« des Verbrechensbekämpfungsgesetzes ist nämlich der Regelungskomplex Täter – Opfer – Ausgleich/ Wiedergutmachung.[58] Eingeführt wurde § 46a StGB, der eine fakultative Strafmilderung bzw. ein Absehen von Strafe vorsieht.

Daneben kann auch bei anderen im StGB geregelten Fällen von Strafe abgesehen werden, zB §§ 60, 157, 158 I StGB.[59] **306**

307
»Staatsanwaltschaft Aschaffenburg
104 Js 1024/21

Verfügung

I. Das Verfahren wird gem. § 153b I StPO mit Zustimmung des Gerichts eingestellt.
Gründe:
Der Beschuldigte hat durch Zahlung von Schadensersatz in Höhe von 400 EUR und Schmerzensgeld von 500 EUR die von ihm begangene vorsätzliche Körperverletzung wiedergutgemacht.
II. Mitteilung von I formlos an Anzeigerstatter Hans Breunig, Ottostraße 17, 63736 Aschaffenburg
III. Mitteilung von I formlos ohne Gründe an Beschuldigten
IV. Weglegen

Müller
Staatsanwalt«

Die Einstellung durch die Staatsanwaltschaft hat keinen Strafklageverbrauch zur Folge. Die Staatsanwaltschaft kann die Ermittlungen wieder aufnehmen, sofern das notwendig erscheint. Ein Klageerzwingungsverfahren ist nach § 172 II 3 StPO nicht zulässig.[60] **308**

H. Sonstige Einstellungsmöglichkeiten

Den in §§ 153c, d, e, f, 154b, c StPO vorgesehenen weiteren Einstellungsmöglichkeiten kommt in der Klausur regelmäßig keine Bedeutung zu. **309**

---

58 *Dahs* NJW 1995, 553.
59 Meyer-Goßner/Schmitt/*Schmitt* StPO § 153b Rn. 1.
60 Meyer-Goßner/Schmitt/*Schmitt* StPO § 153b Rn. 2.

7. Kapitel. Tod des Beschuldigten

Der Tod des Beschuldigten ist ein Verfahrenshindernis und damit ein Umstand, der dem **310** Verfahren in seiner Gesamtheit entgegensteht. Nach der Rechtsprechung des BGH muss das einmal eingeleitete Verfahren formell zum Abschluss gebracht werden.[1] Das bedeutet, dass das Verfahren gem. § 170 II 1 StPO einzustellen ist (demgegenüber ist während eines anhängigen Verfahrens bei Gericht das Verfahren außerhalb der Hauptverhandlung durch Beschluss gem. § 206a StPO einzustellen).

> »Staatsanwaltschaft Aschaffenburg
> 105 Js 499/21
>
> Verfügung
>
> I. Das Ermittlungsverfahren wird gem. § 170 II 1 StPO eingestellt, weil der Beschuldigte am 5.3.2021 verstorben ist.
> II. Mitteilung von I formlos an Anzeigeerstatter Otto Habel, Auenweg 4, 63736 Aschaffenburg
> III. Weglegen.
>
> Becker
> Staatsanwalt«

Nach der früheren hM in Rechtsprechung und Literatur beendete der Tod des Beschuldigten **311** das Ermittlungsverfahren ohne Weiteres von selbst. Einer förmlichen Einstellung bedurfte es somit nicht.[2] Der Staatsanwalt vermerkte lediglich das Ende des Ermittlungsverfahrens in der Akte. Diese Auffassung ist auch in der Klausur vertretbar.

> »Staatsanwaltschaft Aschaffenburg
> 105 Js 499/21
>
> Verfügung
>
> I. Vermerk: Der Beschuldigte ist am 5.3.2021 verstorben. Das Verfahren ist damit beendet.
> II. Mitteilung von I formlos an Anzeigeerstatter Otto Habel, Auenweg 4, 63736 Aschaffenburg
> III. Weglegen.
>
> Becker
> Staatsanwalt«

---

1 BGH NJW 1999, 3644 ff. und Besprechung in JA 2000, 115 ff.; OLG Celle NJW 2002, 3720 (3721); OLG Stuttgart NStZ 2004, 407 (408); Meyer-Goßner/Schmitt/*Schmitt* StPO § 206a Rn. 8 und § 464 Rn. 14 mwN.
2 BGH NJW 1983, 463; OLG Stuttgart Justiz 1985, 176; OLG Hamburg NJW 1983, 464.

8. Kapitel. Klausur »Staatsanwaltliche Abschlussverfügung«

Aufgabentext

Auszug aus den Akten 106 Js 1213/21 der Staatsanwaltschaft Aschaffenburg312

Kriminalpolizeiinspektion Aschaffenburg15.3.2021

Aktenvermerk:

Am 9.3.2021 um 17.00 Uhr erschien auf unserer Dienststelle die technische Angestellte Brigitte Kolb und teilte mit, dass ihr vor etwa 15 Minuten die Handtasche gestohlen worden sei. Sie sei mit ihrem Fahrrad in der Schillerstraße in Richtung Maxplatz gefahren. In einem Korb auf dem Gepäckträger habe ihre schwarze Handtasche mit Schlüsseln und Bargeld in Höhe von 30 bis 35 EUR gelegen. Plötzlich sei ein Pkw VW Golf ganz langsam direkt neben ihr gefahren. Sie habe sehr vorsichtig fahren müssen, weil der Abstand zwischen den rechts parkenden Autos und dem links neben ihr fahrenden Pkw VW-Golf immer geringer geworden sei. Als der Pkw VW-Golf ca. 30 cm neben ihr gefahren sei, habe der Beifahrer, ein etwa 30-jähriger Mann mit schwarzen Haaren, mit der Hand aus dem geöffneten Fenster gegriffen und die Handtasche aus dem Gepäckkorb genommen. Daraufhin habe der Fahrer beschleunigt und sei mit hoher Geschwindigkeit weggefahren. Die Fahrradfahrerin konnte sich trotz ihrer Aufregung das Kennzeichen merken: AB-C 714.

Über das Kraftfahrtbundesamt in Flensburg wurde als Halter des VW-Golfs ermittelt:

Norbert Fuchs, Lindenweg 37, 63736 Aschaffenburg.

Sofort danach fuhren wir zu dem Beschuldigten Fuchs. Dort trafen wir ihn und einen weiteren Mann, auf den die Beschreibung durch die Zeugin Kolb zutraf.

Dieser gab folgende Personalien an:

Manfred Schäfer, Kolpingstraße 51, 63736 Aschaffenburg.

Auf dem Tisch lag eine schwarze Damenhandtasche; diese haben wir sichergestellt.

Im Laufe des Gesprächs fiel uns auf, dass Norbert Fuchs stark nach Alkohol roch und undeutlich redete. Wir teilten ihm mit, dass er im Verdacht stehe, einen Pkw unter Alkoholeinfluss gefahren zu haben und ordneten eine Blutentnahme an.

Die am 9.3.2021 um 17.45 Uhr im Klinikum Aschaffenburg entnommene Blutprobe ergab nach Auswertung eine mittlere BAK von 1,29 ‰.

Auf die Vernehmungen der Zeugin Brigitte Kolb vom 9.3.2021 und der beiden Beschuldigten vom 12.3.2021 wird Bezug genommen. Die sichergestellte schwarze Damenhandtasche wurde als Eigentum der Zeugin Brigitte Kolb identifiziert.

In dieser Tasche, die samt Inhalt der Zeugin zurückgegeben wurde, befanden sich vier Schlüssel sowie 33 EUR Bargeld. Über den geschilderten Vorwurf hinaus ergab sich beim Beschuldigten Norbert Fuchs noch der Verdacht eines Einbruchsdiebstahls zum Nachteil des Anzeigeerstatters Anton Modler, Lindestraße 31, 63736 Aschaffenburg. Auch insoweit wird Bezug genommen auf die Vernehmung des Beschuldigten Norbert Fuchs.

Martin Bach
Kriminalhauptmeister

Hans Nagel
Kriminalhauptmeister

Kriminalpolizeiinspektion Aschaffenburg   9.3.2021

Zeugenvernehmung

Kolb Brigitte, 37 Jahre alt, verheiratete technische Angestellte, deutsche Staatsangehörige, wohnhaft Schlossgasse 16, 63736 Aschaffenburg, belehrt und aussagebereit.

Am 9.3.2021 gegen 16.45 Uhr fuhr ich mit meinem Fahrrad in der Schillerstraße in Aschaffenburg. Meine Handtasche hatte ich in einem Korb auf dem Gepäckträger meines Fahrrades. In der schwarzen Handtasche befanden sich nur meine Schlüssel und Bargeld in Höhe von 30 bis 35 EUR. Plötzlich bemerkte ich, dass ein Pkw VW-Golf ganz langsam neben mir fuhr. Meine Geschwindigkeit betrug höchstens 20 km/h. Ich wunderte mich schon, dass der Pkw VW-Golf nicht schneller fuhr. Als der Pkw VW-Golf seine Geschwindigkeit beibehielt, aber immer weiter nach rechts fuhr, bekam ich es mit der Angst zu tun, denn der Abstand zwischen den rechts am Straßenrand parkenden Autos und dem Pkw VW-Golf wurde sehr knapp; er betrug höchstens noch 30 cm. Ich hatte große Mühe, mich noch auf dem Fahrrad zu halten und nicht zu stürzen. In diesem Augenblick sah ich, dass der Beifahrer, ein etwa 30-jähriger Mann mit schwarzen Haaren, aus dem geöffneten Fenster nach meiner Handtasche griff und sie an sich nahm. Ich hatte überhaupt keine Möglichkeit, die Wegnahme zu verhindern, weil ich mich sehr stark auf das Fahren konzentrieren musste. Ansonsten wäre ich vielleicht gestürzt und hätte mir schwere Verletzungen zugezogen. Sofort danach beschleunigte der Fahrer des VW-Golf und fuhr mit hoher Geschwindigkeit davon. Obwohl ich sehr aufgeregt war und am ganzen Körper zitterte, konnte ich mir noch die Nummer des VW-Golf merken: AB-C 714.

Verletzt wurde ich durch diesen Vorfall nicht. Ich stelle aber aus allen rechtlichen Gründen Strafantrag gegen die Täter.

Aufgenommen: Selbst gelesen und unterschrieben:
Roland Hettinger   Kolb
Kriminalhauptmeister

Kriminalpolizeiinspektion Aschaffenburg   12.3.2021

Beschuldigtenvernehmung

Fuchs Norbert,   geboren am 14.7.1959 in Würzburg, lediger Schreiner,
                      wohnhaft Lindenweg 37, 63736 Aschaffenburg,
                      deutscher Staatsangehöriger

Der Beschuldigte wurde darauf hingewiesen, welche Tat ihm zur Last gelegt wird, dass es ihm nach dem Gesetz freistehe, sich zu der Beschuldigung zu äußern oder nicht zur Sache auszusagen und dass er zu seiner Entlastung einzelne Beweiserhebungen beantragen kann.

Er erklärte sich bereit, Angaben zu machen, verlangte aber, zuvor mit seinem Verteidiger Rechtsanwalt Dr. Edgar Reißmann sprechen zu dürfen. Dies wurde vom Unterzeichner mit der Begründung verweigert, er müsse selbst wissen, ob er aussagen wolle oder nicht, diese Entscheidung könne ihm der Verteidiger nicht abnehmen. Außerdem erklärte der Unterzeichner, der Beschuldigte werde solange vernommen, bis Klarheit herrsche.

Der Beschuldigte bestand dann nicht mehr auf einer Rücksprache mit seinem Verteidiger.

»Am 9.3.2021 war ich seit etwa 12 Uhr in der Gaststätte »Zur Post« in der Platanenallee 5 in Aschaffenburg und habe dabei Bier und Wein getrunken. Ich habe persönlich große Sorgen, weil ich seit 2 Monaten arbeitslos bin. Um 16 Uhr kam zufällig mein Freund Manfred Schäfer in die Gaststätte. Zusammen sind wir auf die Idee gekommen, einer Radfahrerin vom fahrenden Auto aus ihre Handtasche, die sie im Korb auf dem Gepäckträger des Fahrrades liegen hatte, wegzunehmen. Als wir gegen 16.30 Uhr die Gaststätte verließen, merkte ich nichts von dem Alkohol, ich fühlte mich fahrtauglich. Gegen 16.45 Uhr sahen wir in der Schillerstraße ein geeignetes Opfer. Eine 30- bis 40-jährige Frau fuhr mit ihrem Fahrrad in Richtung Maxplatz, sie hatte auf dem Gepäckträger einen Korb und darin eine schwarze Handtasche. Rechts am Straßenrand parkten Autos. Wir fuhren von hinten langsam an die Fahrradfahrerin heran. Als wir auf gleicher Höhe mit ihr waren, fuhren wir neben ihr mit gleicher Geschwindigkeit.

Den seitlichen Abstand zwischen meinem Auto und ihrem Fahrrad verminderte ich so sehr, dass Manfred Schäfer aus dem geöffneten Beifahrerfenster in den Korb auf dem Gepäckständer nach der Handtasche greifen und gleichzeitig die Fahrradfahrerin infolge des verengten Fahrraums keine Abwehrmaßnahmen treffen konnte. Als Manfred Schäfer in einem günstigen Augenblick auf die geschilderte Art und Weise die Handtasche ergriffen hatte, beschleunigte ich mein Fahrzeug und fuhr nach Hause. Kurze Zeit später kam dann schon die Polizei.«

Dem Beschuldigten wird nunmehr noch vorgeworfen, am 26.2.2021 in das Wochenendhaus des Günter Ackermann in der Schönbuschallee in Aschaffenburg eingebrochen und aus einer unverschlossenen Geldkassette 240 EUR entwendet zu haben.

»Ich möchte heute reinen Tisch machen und gebe zu, den Einbruch alleine ausgeführt zu haben. Sonst habe ich aber keine Straftaten begangen.«

Aufgenommen:	Selbst gelesen und unterschrieben:
Martin Bach	Fuchs
Kriminalhauptmeister	

Kriminalpolizeiinspektion Aschaffenburg   12.3.2021

Beschuldigtenvernehmung
Schäfer Manfred,   geboren am 27.12.1961 in Mainz, geschiedener Elektroniker,
                                    wohnhaft Kolpingstraße 51, 63736 Aschaffenburg,
                                    deutscher Staatsangehöriger, ordnungsgemäß belehrt.

»Mir wurde die Aussage meines Freundes Norbert Fuchs vorgelesen. Was den gestrigen Vorfall betrifft, ist es richtig, wie es im Einzelnen geschildert worden ist. Ich muss aber betonen, dass ich keinen Alkohol getrunken und auch nicht gemerkt habe, dass Norbert Fuchs alkoholisiert gewesen ist. Er ist auch ganz sicher gefahren. Auf diese dumme Idee sind wir nur deshalb gekommen, weil wir beide arbeitslos sind und Geld brauchten. Enttäuscht waren wir allerdings, dass nur etwa 33 EUR in der Handtasche waren. Mein Verhalten tut mir leid.

Von einem Einbruch in ein Wochenendhaus durch Norbert Fuchs weiß ich nichts. Davon hat er mir auch nie etwas erzählt.«

Aufgenommen:	Selbst gelesen und unterschrieben:
Hans Nagel	Schäfer
Kriminalhauptmeister	

Auszug aus dem Gutachten der Staatlichen Chemischen Untersuchungsanstalt vom 15.3.2021:
Der Beschuldigte Fuchs hatte zum Zeitpunkt der Blutentnahme eine mittlere BAK von 1,29 ‰.

Dr. Edgar Reißmann,
Rechtsanwalt

63736 Aschaffenburg, 15.3.2021

An die Staatsanwaltschaft Aschaffenburg
63736 Aschaffenburg

| Staatsanwaltschaft Aschaffenburg |
| Eingang: 18.3.2021 |

Unter Vorlage einer Vollmacht bestelle ich mich zum Verteidiger des Beschuldigten Norbert Fuchs.

Ich habe bereits Akteneinsicht genommen. Hiermit widerrufe ich das Geständnis, das mein Mandant am 12.3.2021 bei der Kriminalpolizeiinspektion Aschaffenburg gemacht hat. In einer etwaigen Hauptverhandlung wird mein Mandant keine Angaben machen.

Dr. Reißmann

Klaus Dietrich,
Rechtsanwalt

63736 Aschaffenburg, 18.3.2021

An die Staatsanwaltschaft Aschaffenburg
63736 Aschaffenburg

| Staatsanwaltschaft Aschaffenburg |
| Eingang: 19.3.2021 |

Hiermit zeige ich unter Vorlage einer Vollmacht an, dass ich den Beschuldigten Manfred Schäfer verteidige.

Mein Mandant hat bei der Kriminalpolizeiinspektion Aschaffenburg am 12.3.2021 ein Geständnis abgelegt. In einer etwaigen Hauptverhandlung wird er die gleichen Angaben machen wie bisher. Für den Fall einer Anklageerhebung bitte ich bereits jetzt um eine milde Strafe für meinen Mandanten.

Dietrich

Das Bundeszentral- und Verkehrszentralregister enthalten bei beiden Beschuldigten keine Eintragungen.

Vermerk für den Bearbeiter:

Die abschließende(n) Verfügung(en) der Staatsanwaltschaft ist (sind) vollständig zu entwerfen.

Soweit nach Auffassung der Bearbeiter in der (den) staatsanwaltlichen Verfügung(en) auf einzelne Rechtsfragen nicht einzugehen ist, sind diese in einem Hilfsgutachten zu erörtern.

Hält der Bearbeiter weitere Ermittlungen für erforderlich, so ist zu unterstellen, dass sie durchgeführt worden sind, aber keine weiterführenden Ergebnisse erbracht haben.

Lösung

Staatsanwaltschaft Aschaffenburg

Az.: 106 Js 1213/21

Verfügung
313

I.   Das Ermittlungsverfahren wird gem. § 170 II 1 StPO eingestellt, soweit dem Beschuldigten Norbert Fuchs ein Diebstahl in einem besonders schweren Fall zur Last liegt.

Gründe

Dem Beschuldigten Norbert Fuchs liegt zur Last, am 26.2.2021 in das Wochenendhaus   314
des Geschädigten Günter Ackermann in der Schönbuschallee 7 in Aschaffenburg eingebrochen und aus einer unverschlossenen Geldkassette 240 EUR entwendet zu haben.

Der Beschuldigte ist jedoch nicht mit der zur Anklageerhebung ausreichenden Sicher-   315
heit zu überführen. Er hat zwar zur Tat bei seiner polizeilichen Vernehmung am
12.3.2021 Angaben gemacht. Diese Aussage ist jedoch nicht verwertbar, weil durch den
vernehmenden Kriminalhauptmeister Martin Bach bewusst die Rücksprache mit seinem Verteidiger gehindert wurde. Nach § 137 I 1 StPO kann sich der Beschuldigte in
jeder Lage des Verfahrens des Beistandes eines Verteidigers bedienen. § 136 I 2 StPO
will durch die Belehrung darüber, dass der Beschuldigte auch schon vor seiner Vernehmung einen von ihm zu wählenden Verteidiger befragen kann, sicherstellen, dass
dem Beschuldigten auch und gerade vor der ersten Vernehmung die Möglichkeit der
Verteidigerkonsultation bewusst wird. Zwar kann der Beschuldigte die Entscheidung,
ob er aussagen will oder nicht, nur selbst treffen. Die Besprechung mit einem Verteidiger soll ihm aber die Möglichkeit eröffnen, sich in dieser für seine Verteidigung
höchst bedeutsamen Frage mit einem Verteidiger zu beraten. Verlangt der Beschuldigte
nach der Belehrung und vor der Vernehmung einen Verteidiger zu sprechen, so ist die
Vernehmung deshalb zu diesem Zweck sogleich zu unterbrechen. Zudem sind dem
Beschuldigten gem. § 136 I 3 StPO Informationen zur Verfügung zu stellen, die es ihm
erleichtern, einen Verteidiger zu kontaktieren, wenn er vor seiner Vernehmung einen
Verteidiger befragen will. Schließlich ist der Beschuldigte darüber zu belehren, dass er
unter den Voraussetzungen des § 140 StPO die Bestellung eines Pflichtverteidigers
beantragen kann, §§ 136 I 5, 163a III 2, IV 2 StPO. Gegen diese Verpflichtungen hat
Kriminalhauptmeister Martin Bach verstoßen, indem er dem Beschuldigten die Kontaktaufnahme mit seinem Verteidiger verweigerte, die Vernehmung fortsetzte und
darüber hinaus erklärte, er würde die Vernehmung fortführen, »bis Klarheit herrsche«.
Es ist hier auch ein Fall der notwendigen Verteidigung nach § 140 I Nr. 2 StPO
gegeben, weil dem Beschuldigten ein Verbrechen des schweren Raubes nach §§ 249 I,
250 II Nr. 1 StGB zur Last liegt. Diese Vorgehensweise hat die Unverwertbarkeit der
Aussage zur Folge.

Zwar zieht nicht jedes Verbot, einen Beweis zu erheben, ohne Weiteres auch ein   316
Beweisverwertungsverbot nach sich. Vielmehr ist die Entscheidung für oder gegen ein
Verwertungsverbot aufgrund einer umfassenden Abwägung zu treffen, bei der das
Gewicht des Verfahrensverstoßes sowie seine Bedeutung für die rechtlich geschützte
Sphäre des Betroffenen ebenso ins Gewicht fallen wie die Erwägung, dass die Wahrheit
nicht um jeden Preis erforscht werden muss; ein Verwertungsverbot liegt jedoch stets
dann nahe, wenn die verletzte Verfahrensvorschrift dazu bestimmt ist, die Grundlagen
der verfahrensrechtlichen Stellung des Beschuldigten im Strafverfahren zu sichern.
Danach liegt ein Beweisverwertungsverbot vor, denn die Möglichkeit, sich des Beistandes eines Verteidigers zu bedienen, gehört zu den wichtigsten Rechten des Beschuldigten, Art. 6 III c MRK. Dadurch wird sichergestellt, dass der Beschuldigte nicht nur
Objekt des Strafverfahrens ist, sondern zur Wahrung seiner Rechte auf den Gang und
das Ergebnis des Strafverfahrens Einfluss nehmen kann. Nur auf diesem Weg kann die
Einhaltung dieses für den Beschuldigten äußerst wichtigen Rechtes Gewähr leistet
werden (vgl. BGH NStZ 2013, 299; NJW 1993, 338 ff.; in Abgrenzung hierzu vgl. BGH
JA 1996, 747 ff.; NStZ 1996, 452 ff.; 1997, 509 f. und Besprechung von *Kaufmann* NStZ
1998, 474 f.; Meyer-Goßner/Schmitt/*Schmitt* StPO § 136 Rn. 10–11b).

Da das in der Zwischenzeit vom Verteidiger des Beschuldigten widerrufene Geständnis insoweit nicht verwertbar ist und sonstige Beweismittel zum Nachweis dieser Tat nicht vorhanden sind (siehe Bearbeitervermerk), war das Ermittlungsverfahren wegen des Diebstahls in einem besonders schweren Fall mangels Tatnachweises einzustellen, zumal auch der Verteidiger des Beschuldigten angekündigt hat, dass der Beschuldigte in einer etwaigen Hauptverhandlung keine Angaben machen wird.

317   Die Geltendmachung zivilrechtlicher Ansprüche wird hierdurch nicht berührt.

318   II.   Mitteilung von I mit Beschwerdebelehrung zustellen an den Anzeigeerstatter Anton Modler, Lindestraße 31, 63736 Aschaffenburg.

319   III.   Mitteilung von I formlos ohne Gründe an den Beschuldigten Norbert Fuchs.

     IV.   Vermerk

320   1.   Die Beschuldigten haben keinen vorsätzlichen gefährlichen Eingriff in den Straßenverkehr nach §§ 315b I Nr. 3, III, 315 III Nr. 1b StGB begangen.

321   Zwar kann auch im fließenden Verkehr in besonderen Fällen das Merkmal der Vornahme eines »ähnlichen, ebenso gefährlichen Eingriffs« in die Sicherheit des Straßenverkehrs erfüllt werden. Die Rechtsprechung stellt dabei aber auf den Einzelfall ab, wobei einerseits die besondere Gefährlichkeit des Verkehrsvorganges, andererseits die innere Einstellung des Täters, insbesondere der von ihm verfolgte Zweck, als ausschlaggebend angesehen wird. Der bewusst zweckwidrige Einsatz eines Kraftfahrzeugs in verkehrsfeindlicher Einstellung kann einen gefährlichen Eingriff darstellen. Da die Beschuldigten das Fahrzeug als Mittel zum Raub eingesetzt haben, kann der zweckwidrige Einsatz des Pkw in verkehrsfeindlicher Einstellung nicht in Frage gestellt werden. Der Tatbestand des ähnlichen, ebenso gefährlichen Eingriffs setzt aber nach der Rechtsprechung zudem eine grobe Einwirkung von einigem Gewicht voraus.

322   An diesen Erfordernissen fehlt es im vorliegenden Fall. Die Beschuldigten fuhren mit einer sehr geringen Geschwindigkeit von höchstens 20 km/h neben der Fahrradfahrerin in einem seitlichen Abstand von etwa 30 cm, wobei es zu keiner Berührung der Fahrradfahrerin kam. Dieses Verhalten der Beschuldigten stellt keine grobe Einwirkung, dh eine solche von besonderer Gefährlichkeit dar, sodass noch nicht von einem tatbestandlichen Verhalten nach §§ 315b I Nr. 3, III, 315 III Nr. 1b StGB gesprochen werden kann (*Fischer* StGB § 315b Rn. 8 ff.; § 315 Rn. 11; LG München I NStZ 1993, 189).

323   2.   Der Beschuldigte Norbert Fuchs hat auch nicht den Tatbestand der Gefährdung des Straßenverkehrs nach § 315c I Nr. 1a StGB erfüllt.

324   a)   Der Beschuldigte Norbert Fuchs hat zwar die Fahrradfahrerin bewusst durch den zu kurzen Seitenabstand gefährdet, um die im Korb auf dem Gepäckträger befindliche Handtasche entwenden zu können. Der Grund der Gefährdung war aber nicht die alkoholbedingte Fahruntüchtigkeit, sodass § 315c I Nr. 1a StGB ausscheidet (*Fischer* StGB § 315c Rn. 16).

325   b)   Auch der Beifahrer, der Beschuldigte Manfred Schäfer, wurde nicht konkret gefährdet iSd § 315c I Nr. 1a StGB. Die Frage, ob für Fahrzeuginsassen eine konkrete Gefahr schon darin liegt, dass der Fahrer alkoholbedingt absolut fahrunsicher ist, wird vom BGH sowie der oberlandesgerichtlichen Rechtsprechung und Literatur verneint (BGH NJW 1995, 3131 ff.; BayObLG MDR 1988, 984 f.; NJW 1990, 133 f.; OLG Köln NJW 1991, 3291 f.; *Fischer* StGB § 315c Rn. 15b mwN).

326   V.   Die Ermittlungen sind abgeschlossen.

327   VI.   Anklage gesondertem Entwurf.

     VII.   Mit Akten an das Amtsgericht – Schöffengericht – Aschaffenburg.

Dr. Eder Staatsanwalt

Staatsanwaltschaft Aschaffenburg Az.: 106 Js 1213/21

I. Anklageschrift   **328**
   in der Strafsache gegen

    1. Norbert Fuchs,   geboren am 14.7.1959 in Würzburg, deutscher Staatsangehöriger, lediger Schreiner, wohnhaft 63736 Aschaffenburg, Lindenweg 37

          Wahlverteidiger: Rechtsanwalt Dr. Reißmann, Klugstraße 17, 63736 Aschaffenburg

    2. Manfred Schäfer,   geboren am 27.12.1961 in Mainz, deutscher Staatsangehöriger, geschiedener Elektroniker, wohnhaft 63736 Aschaffenburg, Kolpingstraße 51.   **329**

          Wahlverteidiger: Rechtsanwalt Dietrich, Schwalbenweg 6, 63736 Aschaffenburg

Die Staatsanwaltschaft legt aufgrund ihrer Ermittlungen den Angeschuldigten folgenden Sachverhalt zur Last: **330**

Am 9.3.2021 beschlossen die Angeschuldigten, einer Fahrradfahrerin vom fahrenden Kraftfahrzeug aus ihre Handtasche aus dem Korb auf dem Gepäckträger wegzunehmen, weil sie Geld benötigten. Der Plan bestand darin, dass der Angeschuldigte Fuchs mit seinem Pkw VW-Golf, amtliches Kennzeichen AB-C 714, neben das Opfer fahren und den seitlichen Abstand zwischen Kraftfahrzeug und Fahrrad so vermindern sollte, dass der Angeschuldigte Schäfer aus dem geöffneten Beifahrerfenster in den Korb auf dem Gepäckständer nach der Handtasche greifen konnte. Gegen 16.30 Uhr verließen die Angeschuldigten die Gaststätte »Zur Post« in der Platanenallee 5 in Aschaffenburg. Der Angeschuldigte Fuchs hatte erhebliche Mengen Alkohol zu sich genommen. Er war deshalb nicht mehr in der Lage, ein Kraftfahrzeug sicher zu führen, was er auch hätte erkennen können und müssen. Entsprechend seiner vorgefassten Absicht setzte er sich an das Steuer seines Pkw und fuhr mit dem Angeschuldigten Schäfer durch das Stadtgebiet von Aschaffenburg, um ein geeignetes Opfer zu suchen. Gegen 16.45 Uhr fuhr die technische Angestellte Brigitte Kolb in der Schillerstraße in Aschaffenburg mit ihrem Fahrrad, in dessen Gepäckkorb ihre schwarze Handtasche, in der sich 4 Schlüssel und 33 EUR Bargeld befanden, lag. Entsprechend ihrer vorgefassten Absicht setzte sich der Angeschuldigte Fuchs mit seinem Pkw neben die Fahrradfahrerin und verringerte den seitlichen Abstand auf ca. 30 cm. Durch den sehr geringen Abstand zwischen dem Pkw des Angeschuldigten Fuchs und den rechts am Straßenrand parkenden Kraftfahrzeugen musste die Radfahrerin sehr konzentriert fahren, um einen Sturz zu vermeiden; irgendwelche Abwehrmaßnahmen konnte sie infolge des verengten Fahrraumes nicht treffen. Diese Situation nutzte der Angeschuldigte Schäfer aus und nahm durch das geöffnete Beifahrerfenster aus dem Gepäckkorb die Handtasche weg.   **331**

Die dem Angeschuldigten Fuchs am 9.3.2021 um 17.45 Uhr entnommene Blutprobe ergab nach Auswertung eine mittlere BAK von 1,29 ‰.   **332**

Der Angeschuldigte Fuchs hat sich durch sein Verhalten als ungeeignet zum Führen von Kraftfahrzeugen erwiesen. In der Hauptverhandlung ist mit dem Entzug der Fahrerlaubnis, der Einziehung des Führerscheins und der Anordnung einer Sperrfrist für die Wiedererteilung einer Fahrerlaubnis zu rechnen.   **333**

Die Angeschuldigten werden daher beschuldigt,   **334**

der Angeschuldigte Fuchs   **335**
1. fahrlässig im Verkehr ein Fahrzeug geführt zu haben, obwohl er infolge des Genusses alkoholischer Getränke nicht in der Lage war, das Fahrzeug sicher zu führen und durch dieselbe Tat

2. gemeinschaftlich handelnd mit Gewalt gegen eine Person eine fremde bewegliche Sache einem anderen in der Absicht weggenommen zu haben, sich dieselbe rechtswidrig zuzueignen, wobei er bei der Tat ein gefährliches Werkzeug verwendete

strafbar als fahrlässige Trunkenheit im Verkehr in Tateinheit mit in Mittäterschaft begangenem schweren Raub nach §§ 316 I, II, 249 I, 250 II Nr. 1, 25 II, 52, 69, 69a StGB.

336 der Angeschuldigte Schäfer

gemeinschaftlich handelnd mit Gewalt gegen eine Person eine fremde bewegliche Sache einem anderen in der Absicht weggenommen zu haben, sich dieselbe rechtswidrig zuzueignen, wobei er bei der Tat ein gefährliches Werkzeug verwendete

strafbar als ein in Mittäterschaft begangener schwerer Raub nach §§ 249 I, 250 II Nr. 1, 25 II StGB.

337 Wesentliches Ergebnis der Ermittlungen:

Der Angeschuldigte Schäfer hat den Sachverhalt in vollem Umfang eingeräumt. Der Angeschuldigte Fuchs hat dagegen seine ursprünglichen Angaben widerrufen. Er wird aber durch die Angaben des Angeschuldigten Schäfer und der Zeugin Kolb im Sinne der Anklage überführt werden.

338 Die Angeschuldigten haben einen schweren Raub nach §§ 249 I, 250 II Nr. 1 StGB begangen, denn sie haben den Pkw als Gewaltmittel gegen die Radfahrerin zum Zweck der Wegnahme der Handtasche eingesetzt. Durch nahes paralleles Heranfahren mit dem Kraftfahrzeug an die Radfahrerin wurde diese von den Angeschuldigten in eine Situation gebracht, in der sie durch den entstandenen engen Abstand zu erhöhter Aufmerksamkeit beim Radfahren gezwungen wurde, um nicht Gefahr zu laufen, entweder gegen den Pkw des Angeschuldigten Fuchs oder den rechts neben ihr geparkten Fahrzeugen zu stoßen und zu Fall zu kommen. Als Folge dieser Handlungsweise der Angeschuldigten war ein Widerstand des Opfers gegen die Wegnahme unmöglich. Die körperliche Zwangswirkung war jedenfalls so erheblich, dass sie geeignet war, den erwarteten Widerstand gegen die Wegnahme zu brechen, und vom Opfer als körperlicher Zwang angesehen wurde. Da die Angeschuldigten den Pkw als Gewaltmittel einsetzen wollten und dies auch getan haben, liegt ein schwerer Raub vor, § 250 II Nr. 1 StGB (LG München I NStZ 1993, 188 f.; BGH NJW 1998, 2914 ff.; NStZ 1998, 567 f.; JA 1999, 9 ff. und *Lesch* JA 1999, 30 ff.).

339 Bei beiden Angeschuldigten ist aber ein minder schwerer Fall nach § 250 III StGB anzunehmen. Sie handelten in einer finanziellen Notlage und der Wert des Diebesgutes war gering. Die entwendete Handtasche samt Inhalt wurde schon kurze Zeit später an die Geschädigte zurückgegeben. Außerdem war der Angeschuldigte Fuchs bei Tatbegehung alkoholisiert und der Angeschuldigte Schäfer hat ein Geständnis abgelegt. In Anbetracht dieser Gesamtumstände ist von einem minder schweren Fall nach § 250 III StGB auszugehen. Die beiden Angeschuldigten sind nicht vorbestraft.

340 Zur Aburteilung ist das Amtsgericht – Schöffengericht – Aschaffenburg zuständig (§§ 24, 28 GVG; §§ 7, 8 StPO).[1]

Ich beantrage,

341 a) das Hauptverfahren zu eröffnen und die Anklage zur Hauptverhandlung vor dem Amtsgericht – Schöffengericht – Aschaffenburg zuzulassen,
b) einen Termin zur Hauptverhandlung anzuberaumen
c) dem Angeschuldigten Fuchs die Fahrerlaubnis vorläufig gem. § 111a StPO zu entziehen.

---

1 Bei Annahme eines minder schweren Falles beträgt der Strafrahmen nach § 250 III StGB Freiheitsstrafe von einem Jahr bis zu zehn Jahren. Die Strafgewalt des Amtsgerichts (Strafrichter und Schöffengericht!) beträgt vier Jahre, § 24 II GVG. Das reicht bei den vielen Strafmilderungsgründen für eine gerechte Bestrafung aus.

Als Beweismittel bezeichne ich: **342**
1. Zeugen:
    a) Brigitte Kolb, Schlossgasse 16, 63736 Aschaffenburg
    b) KHM Martin Bach und Hans Nagel, Kriminalpolizeiinspektion Aschaffenburg
2. Urkunden:
    a) Bundeszentral- und Verkehrszentralregisterauszüge
    b) BAK-Gutachten vom 15.3.2021

Aschaffenburg, 29.3.2021 **343**
Dr. Eder Staatsanwalt

Stichwortverzeichnis

Die angegebenen Fundstellen beziehen sich auf die Randnummern.